ACQUIRE LOGICAL THINKING SKILLS AT THOUGHT EXPERIMENTS

図解 思考実験

論理的思考力を鍛える

RYOKO KITAMURA
北村良子

彩図社

はじめに

思考実験とは、実験と聞いて最初に思い浮かぶ理科の実験のように、道具やそれを扱う場所を必要とする実験ではありません。ある特定の条件の下で考えを深め、頭の中で推論を重ねながら自分なりの結論を導き出していく、**思考による実験**です。

例えば、**ニュートン**は落下するりんごを見て、この現象が宇宙の他の星にも働いているのではないか、なぜ月は落ちてこないのかと着想したという説があります。

この思考が、有名な万有引力の法則につながっていくわけですが、これもりんごが落下するという事象を頭の中で拡大解釈していった、一種の思考実験といえます。

また、**ガリレオ**も思考実験によって「すべての物体が同じ早さで落下する」と言うことを発見しました。当時信じられていた、アリストテレスの「物体は重いものほど先に落下する」という考えに対して、「100kgの鉄球と1kgの鉄球を落下させたら100kgの鉄球のほうが先に落ちるはずである。では、この2つの鉄球を紐でつないだらどうだろう?」という思考実験を試みたのです。

そして、結果として、前提とした、アリストテレスの考えである「重いものほど先に落下する」が誤りであると結論付けました。

思考実験では、実験室はあなたの頭の中、実験道具はあなたの倫理観や今まで積み上げてきた知識や論理的思考力、集中力や想像力といったところでしょうか。

ですから、**時間や場所を選ばず、特別な器具も必要ありません。満員の通勤列車の中でも、布団の中でも、食事をしながらでもできる**のです。

ガリレオの思考実験

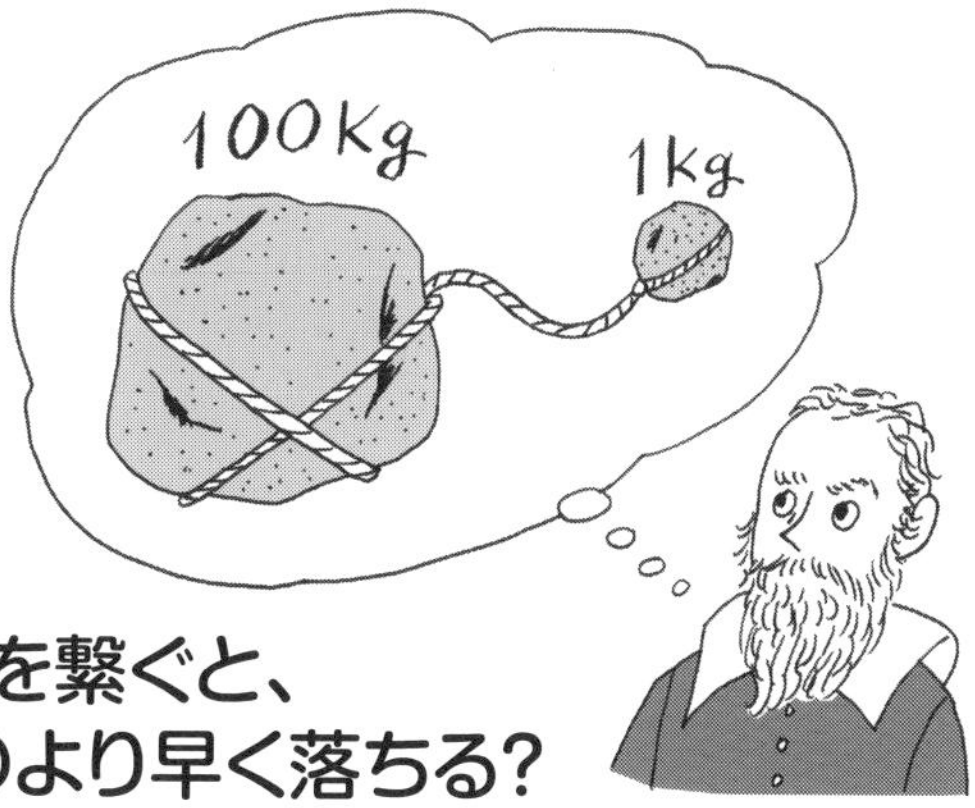

**100kgと1kgのものを繋ぐと、
単体で100kgのものより早く落ちる？**

あらためて自分を知るきっかけにもなりますし、脳トレーニングにも力を発揮します。

私はパズル作家として日々多くの問題と向き合う中で思考実験に出会い、本書を書くことになりましたが、パズルと思考実験は脳を鍛えるために非常に有効であり、しかも楽しめるという点で共通しています。

本書では、そんな刺激的な思考実験を用意しました。有名な思考実験を厳選し、図解で分かりやすく解説しています。

物語やトリックのような世界を楽しんでいるうちに自然と論理的思考力が鍛えられ、思考の中の新たな発見や気づきが生まれることに気がつくでしょう。

それでは早速、思考実験を楽しんでみてください。

CONTENTS

ACQUIRE LOGICAL THINKING SKILLS AT THOUGHT EXPERIMENTS

第1章

倫理観を揺さぶる思考実験

これから登場する問題は、生死という重くはありますが誰もが想像しやすい問題を考えることで、哲学者をはじめとした多くの人の関心を引いてきました。

問題の設定がまさに起こったとしたらどういう行動をとるかを思考して決断を下す、それによってあなたは自分の倫理観や判断基準に何か気づくものがあるでしょう。

また、自分とは異なる意見、多数派の意見を知ることで、この章の倫理問題は思考の幅を少し広げる手伝いをしてくれるはずです。

この章では、５人を助けるか、１人を助けるかという共通の問題を考えます。

現実にはあり得ないような設定がされていますが、これらの設定は５人か１人かという１つの問題に的を絞るためのものと考えてください。

実際の現場を考えればその他の選択肢がある場合がほとんどですし、あなたが決断した行為により必ずしも予想する結果になるとは限りません。

そもそもこのような現実にはあり得ない設定の中で、不愉快で意味のない決断を迫られる必要があるのかと思うことがあっても不思議ではありません。

ですが、これは思考実験ですから、あくまでフィクションとしての設定です。

ここでは、現実離れしていて考えても無駄だ、命を比べるというのはけしからん、という点が問題になっているのではありません。また、本書は命の選別を行うことを推奨しているわけでもありません。

それでは、思考実験の世界に足を踏み入れてみましょう。

No.1

暴走トロッコと作業員

トロッコの進む先に人が！

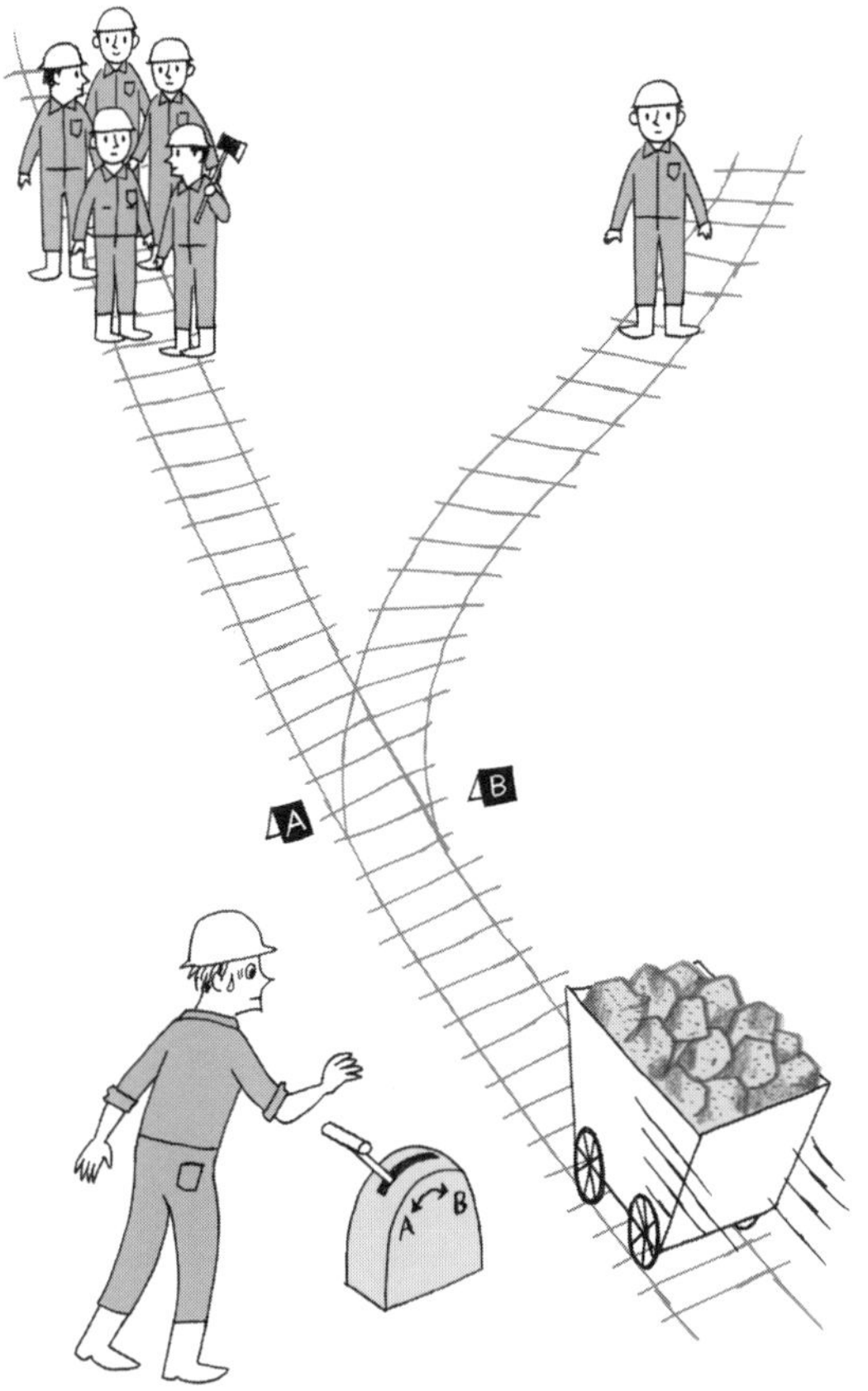

【思考実験メモ】

「暴走トロッコと作業員」は、イギリスの倫理学者フィリッパ・フットが1967年に提起し、今日まで議論が繰り返されてきている非常に有名な思考実験です。

思考実験！

線路の切り替えスイッチのそばにいるあなたは、とんでもない光景を目の当たりにしていました。

あなたの右方向から石をたくさん積んだトロッコが猛スピードで暴走しています。ブレーキが故障しているのか明らかに異常なスピードです。とうてい今から止めることはできません。ただ、線路の切り替えを行えば進行方向を変えることができます。

線路の先には5人の作業員がいます。5人ともトロッコにはまったく気づいておらず、おそらく避けることはできないでしょう。このままではトロッコが突っ込み、5人は死んでしまいます。

あなたは、切り替えスイッチの存在に気がつ

選択！　どちらを選ぶ？

A　スイッチを切り替えずに5人が死ぬ

B　スイッチを切り替えて1人が死ぬ

き、これを切り替えて5人を助けようと思い立ちます。あなたは切り替えスイッチに近づき、勢いよくスイッチに手を伸ばします。

しかし何ということでしょう。あなたは一瞬、切り替える先の線路のほうに目をやり、様子を確認しました。すると、視線の先には1人の作業員がいるではありませんか。スイッチを切り替えれば、この1人の作業員が死んでしまいます。

あなたはこの6人と面識はなく、6人とも何の罪もない人です。ただ、悲惨な現場に居合わせてしまっただけです。あなたもたまたまこの現場に居合わせてしまっただけで、そこにスイッチがなければただの傍観者の1人です。

実際には「5人もいればだれか気づくだろう」とか、「大声を出して危険を知らせる」とか、いろいろな方法を考えてしまうところですが、ここではスイッチを切り替えること以外あなたにできることはなく、作業員は皆トロッコの暴走に気づいていない状態とします。

あなたはスイッチを切り替えますか？
それともそのままにしますか？

答えを決めたら次のページに進んでください。

トロッコ問題の考え方

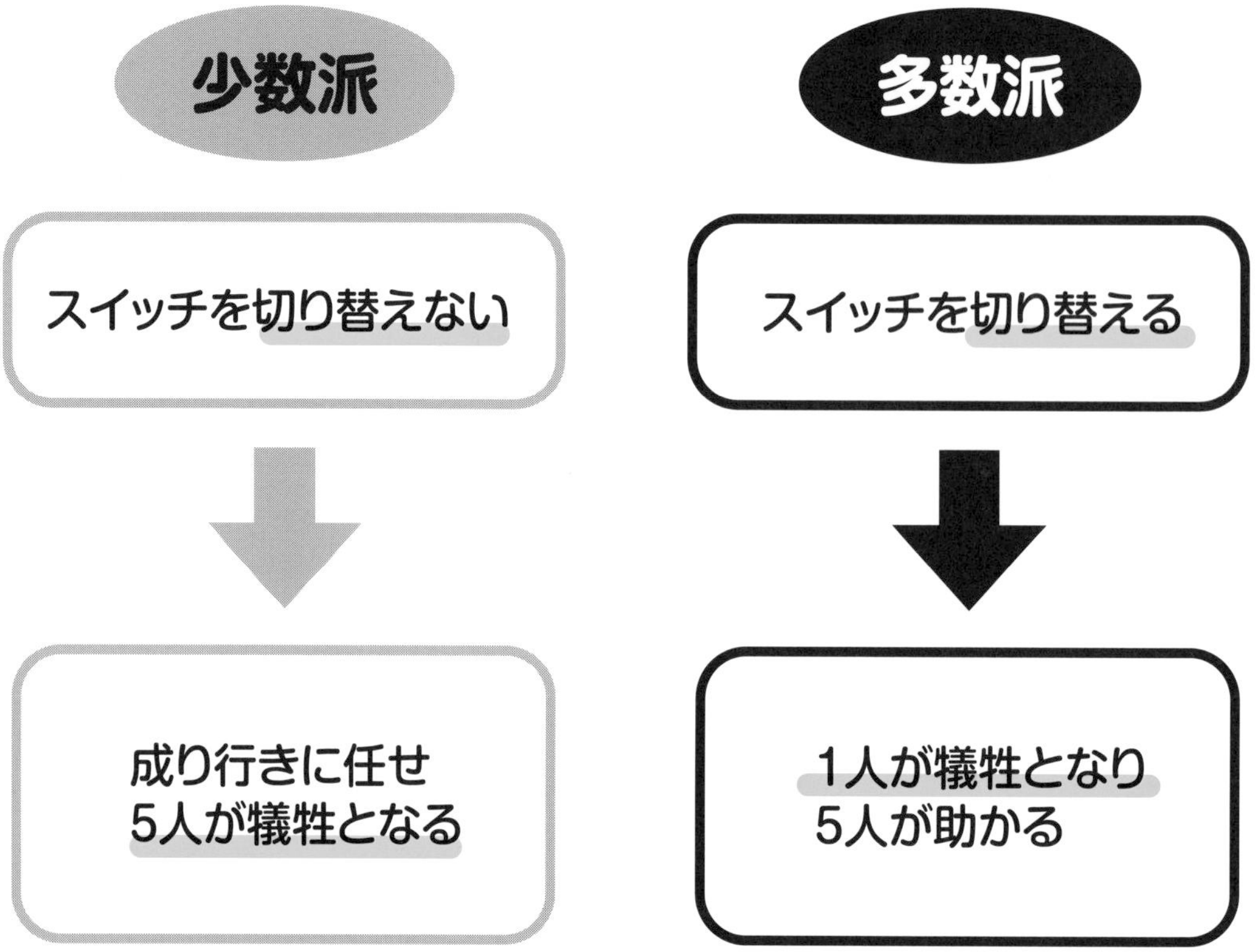
少数派
スイッチを切り替えない
成り行きに任せ
5人が犠牲となる
多数派
スイッチを切り替える
1人が犠牲となり
5人が助かる

考え方のヒント

さて、この思考実験は、NHKで放送されたサンデル教授の『ハーバード白熱教室』で取り上げられ知名度を上げた問題です。そのため、ご存知の方も多いかもしれません。

この思考実験の**多数派は「スイッチを切り替え、1人を犠牲にして5人を助ける」**です。

有名な思考実験なので統計データも複数あり、だいたい85％以上の人がスイッチを切り替えて5人を助ける、そのために1人を犠牲にする行動を起こすことは許されると回答しています。

著者自身でも400人にアンケートをとってみたところ、ギリギリですがやはり切り替える方が多数派でした。国や時代によって思考も変化するということなのかもしれません。

この条件下では主に1人より5人を助けるという、単純な数としての思考が働きます。面識のない5人と1人で、どちらにも感情を変化させる要素もないため、比較的冷静に思考している状態です。

1人の命より5人の命のほうが重い、と考えスイッチを切り替えようと判断するのです。

なぜそれを選ぶ？

少数派

「Ⓐスイッチを切り替えずに
5人を犠牲にする」
と判断する人の思考

トロッコは5人に
向かっており、
この5人は元々
死ぬ運命にあった

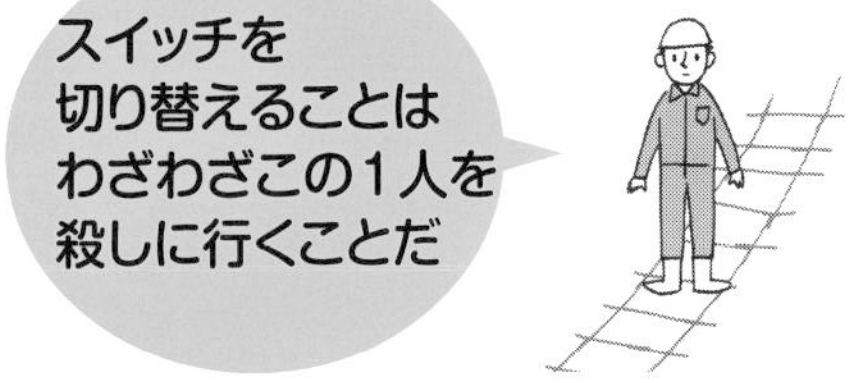
スイッチを
切り替えることは
わざわざこの1人を
殺しに行くことだ

多数派

「Ⓑスイッチを切り替えて
1人を犠牲にして5人を救う」
と判断する人の思考

より多くの人を
助けたい

一方の**少数派意見である「スイッチを切り替えずに5人を犠牲にする」**と答える人の考えの一例はこうです。もともとトロッコは5人の方向に向かって走っていたのだから、5人は犠牲になる運命にあった。

もう1人のほうは、進行方向とは関係のない位置にいたのだから、この人を巻き込むのは間違っている、と考えます。人の運命を自分が操作してしまうことに抵抗を感じるのです。

また違う意見では、スイッチを操作することで、自分は傍観者からこの事故に関係する人となります。そして、やむを得ないと皆が考える状態であるとはいえ、関係のない1人の作業員を自分の手で殺すことになる、ということに強い拒否反応を示します。

どちらかが正解で、もう片方が間違っているという明確な答えはありません。

これについてあなたはどう考えますか、というのが暴走トロッコの思考実験です。

あなたの意見はどちらでしたか？

No.2

暴走トロッコと作業員と太った男

トロッコの進む先に人が!

思考実験!

ある線路上の橋の上にいるあなたは、とんでもない光景を目の当たりにしていました。

橋の下にある線路の上を、石をたくさん積んだトロッコが猛スピードで暴走してきたのです。

暴走トロッコの先には5人の作業員がいます。誰ひとり、この悲惨な状況に気がついていません。このままでは5人は死んでしまいます。あなたはこの状況をどうにかする方法はないかとあたりを見回します。

すると、橋の上に、自分の他にもう1人、男性がいることに気がつきました。

かなりの巨漢で、しかも見るからに重そうな大きなリュックを背負っているではありませんか。この男を突き落とすことができたなら、トロッコを止めることができます。しかしその場合、男は

【思考実験メモ】

「暴走トロッコと作業員と太った男」は、フィリッパ・フットの提起した問題を基に、アメリカの哲学者ジュディス・ジャーヴィス・トムソンが考案したものです。

選択! どちらを選ぶ?

A 5人の作業員を見殺しにする

B 太った男を突き落として作業員を助ける

確実に死んでしまいます。

太った男は、作業員5人が行っている作業が気になっているらしく、大きく身を乗り出して夢中になっています。どうやらこの男性も暴走トロッコには気がついていないようです。

今なら確実に太った男を線路上に落とすことができるとします。

あなたは太った男を下に突き落としますか? それともそのままにしますか?

なお、あなた自身が飛び込んでもトロッコは止まらず、あなたを含めた犠牲が6人になるだけと分かっているとします。

実際には太った、しかも重そうなリュックを背負っている男を突き落としたからといってトロッコが止まるとは限らないでしょう。

しかし今回の思考実験では、この太った男を突き落とせば確実にトロッコは止まるし、あなたが突き落とす行動をとれば、もみ合いになることなく確実に突き落とせると仮定します。

また、あなたが起こした行動によってあなたが罪に問われることはないとします。

1問目と多数派が入れ替わる

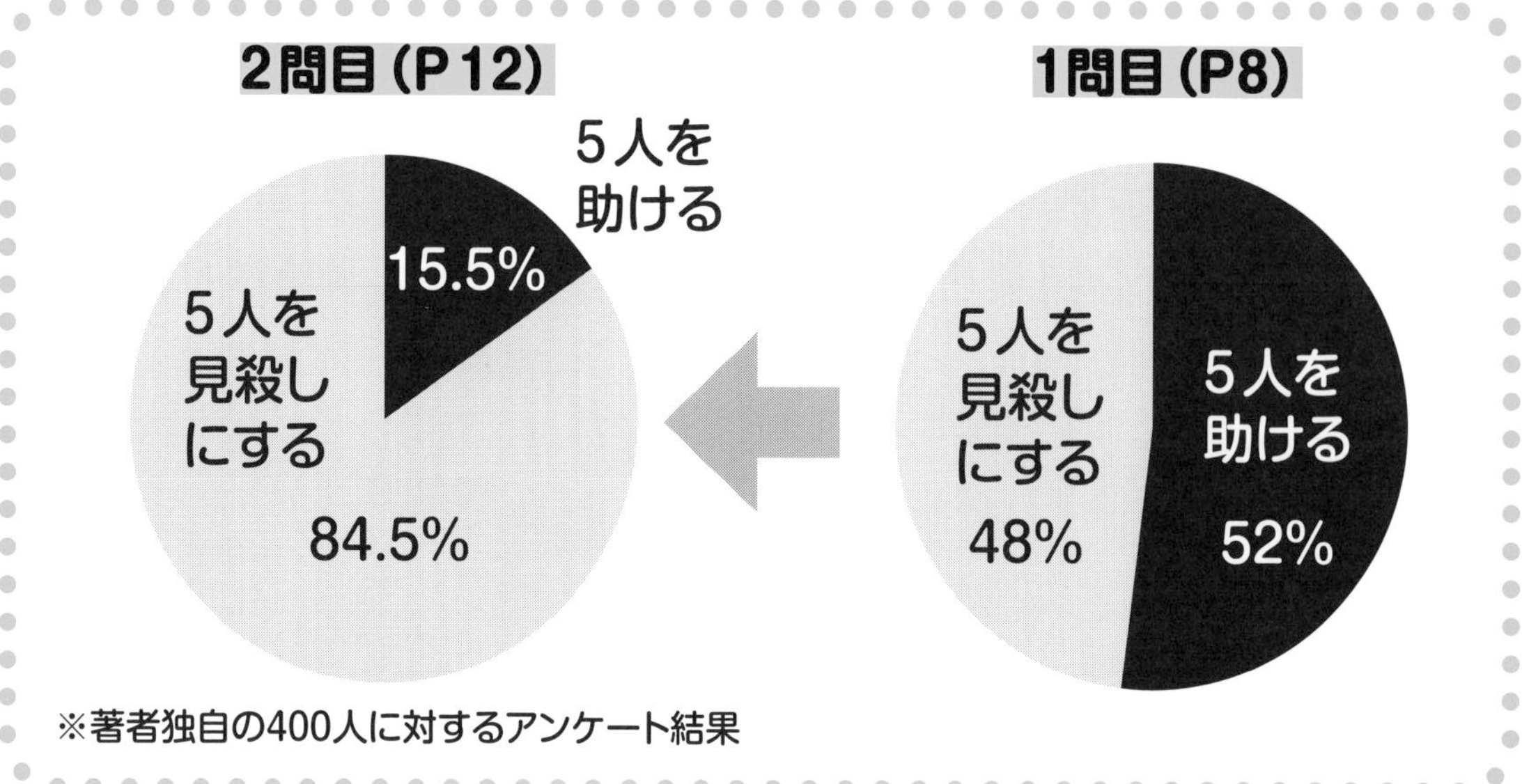
2問目（P12）
5人を助ける
15.5%
5人を見殺しにする
84.5%
1問目（P8）
5人を見殺しにする
48%
5人を助ける
52%
※著者独自の400人に対するアンケート結果

「犠牲者の人数」も「トロッコと作業員という設定」も変わらないのになぜ？

考え方のヒント

考えはまとまったでしょうか？　答えが出た方は次のことについても考えてみてください。

あなたの回答は1問目と比べて変化しましたか？　変わったとしたら、なぜその変化が起きたのでしょうか？

これは**設定を変えると多数派が変化する**思考実験です。この設定で思考実験をすると、上の図のように多数派意見が入れ替わります。

なぜ多数派意見が入れ替わったのでしょうか？　どうしてこのようなことが起こるのか、考えてみてください。

この設定では、1人の男性を突き落とすという行為があるため、前回の「暴走トロッコと作業員」よりも積極的に殺人に関わることになり、そこに強い抵抗が生まれます。

もしこれが、太った男が身を乗り出しすぎて誤って落下し、それによってトロッコが止まったのだとしたら、太った男が犠牲になるほうがいいと考える人が多数派になるでしょう。あなたが突き

「積極的」「直接的」は嫌われる

1問目（P8）

間接的

スイッチを押す

消極的

トロッコは
無関係の1人に向かう
＝1人が死ぬことを必要と
していわるけではない

「5人の命が助かる
なら仕方がない」

2問目（P12）

直接的

太った男を
手で突き落とす

積極的

太った男を
トロッコにひかせることで
トロッコを止める
＝1人の死を必要としている

「5人の命が助かる
としてもやりたくない」

落とすか、誤って落下するかの違いで、望む結果が変わるのです。

この差を作っているのは、意図的に行動を起こしたのか否かという問題です。

誤って落下するのであれば太った男は偶然不幸に見舞われ、その結果偶然5人が助かったということになります。一方で、あなたが太った男を突き落とすことを思いついたとき、あなたは太った男が線路上に落下し、トロッコにぶつかり命を落とし、それによって5人が助かるというシナリオを描いています。太った男が線路上に落ち、トロッコにぶつかってくれなければ困るわけです。

さらに、人は肉体的に直接接触するような強いアクションを起こすことを嫌います。男性を自らの手で突き落とさなければならないという事実は耐え難いものがあるのです。

あなたが望む結果がより多くの人が助かることであったとしても、自分が関わるというケースになると、人はより主観的に物事を判断します。

5人か1人かという問題だけではなく、あなたがどう思うかという主観性が、判断の重要な位置を占めるようになるのです。

No.3

暴走トロッコとループする線路

【思考実験メモ】

「暴走トロッコとループする線路」も、アメリカの哲学者ジュディス・ジャーヴィス・トムソンによって考案されたもので、2008年の論文で提起されました。

トロッコが進む先に人が!

思考実験!

もう1つトロッコの問題をご紹介しましょう。

＊

線路の切り替えスイッチのそばにいるあなたは、とんでもない光景を目の当たりにしていました。

石をたくさん積んだトロッコが猛スピードで暴走してきて、止めることはできません。明らかにブレーキが故障しているのが分かります。

線路の先には5人の作業員がいます。5人ともトロッコにはまったく気づいておらず、おそらく避けることはできないでしょう。このままでは5人は死んでしまいます。

選択! どちらを選ぶ?

A

スイッチを切り替えずに5人が死ぬ

B

スイッチを切り替えてループ部分の1人が死ぬ

幸い、あなたは線路の切り替えスイッチのそばにいます。このスイッチで線路の切り替えを行えば進行方向を変えることができます。

あなたはとっさに切り替えスイッチに手を伸ばしました。

あなたはスイッチを切り替えようとしますが運の悪いことに切り替えた先の線路にも1人の太った作業員が作業をしています。

あなたが切り替えを行えば、この太った作業員はトロッコをよけることなく、ぶつかって命を落とします。

線路は右上の絵のようにループしており、一度2つに分かれた線路はすぐに再び合流します。車体を停めておくような場所なのでしょう。

今までの問題と同様に、あなたができることはスイッチを切り替えることだけで、腕を大きく振ったり、声を張り上げたりしても作業員に何らかのメッセージが届くことはありません。

あなたはスイッチを切り替えますか?

多数派が再び入れ替わる

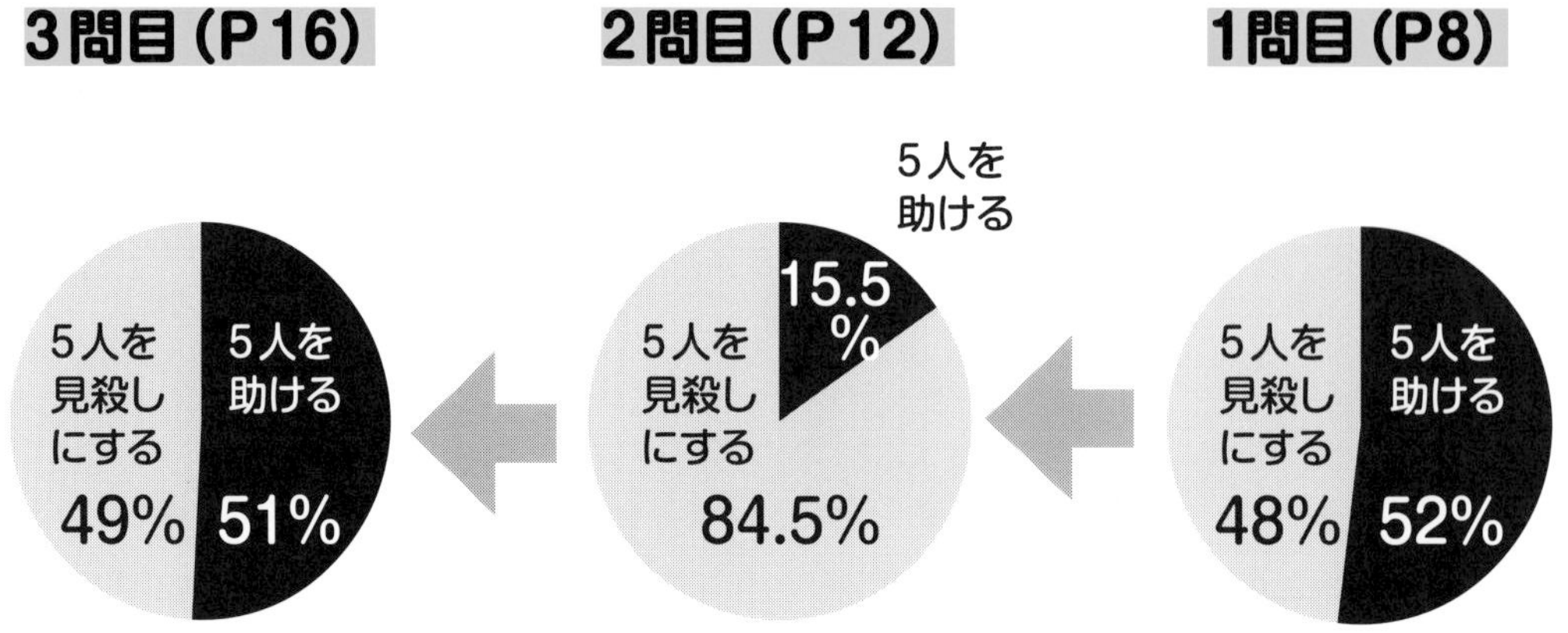
1問目（P8）
5人を助ける
52%
5人を見殺しにする
48%
2問目（P12）
5人を助ける
15.5%
5人を見殺しにする
84.5%
3問目（P16）
5人を助ける
51%
5人を見殺しにする
49%

※著者独自の400人に対するアンケート結果

1問目と3問目は似ているのか？

考え方のヒント

この問題は、一見最初の「暴走トロッコと作業員」に似ています。スイッチを切り替えるだけで1人または5人のどちらかが助かり、それを決める役割をあなたが担います。

解答も、パーセンテージは減るものの、最初の問題と同様に5人を助けることを選ぶ人が多数派であるようです。

では、どこが異なるのでしょうか？

最初の「暴走トロッコと作業員」の場合でも、この「暴走トロッコとループする線路」でも、切り替えスイッチを押せば確実に1人の作業員は死亡します。

最初の問題と異なるのは、今回の問題では線路はループしており、あなたがスイッチを切り替えたとき、太った作業員にトロッコがぶつかってもらわなければならないということです。

つまり、太った作業員をトロッコを止める手段としており、仮に、太った作業員が間一髪トロッコを避け助かってしまったとしたら、あなたの望

「ループする線路」（3問目）は「太った男」（2問目）の問題に似ている

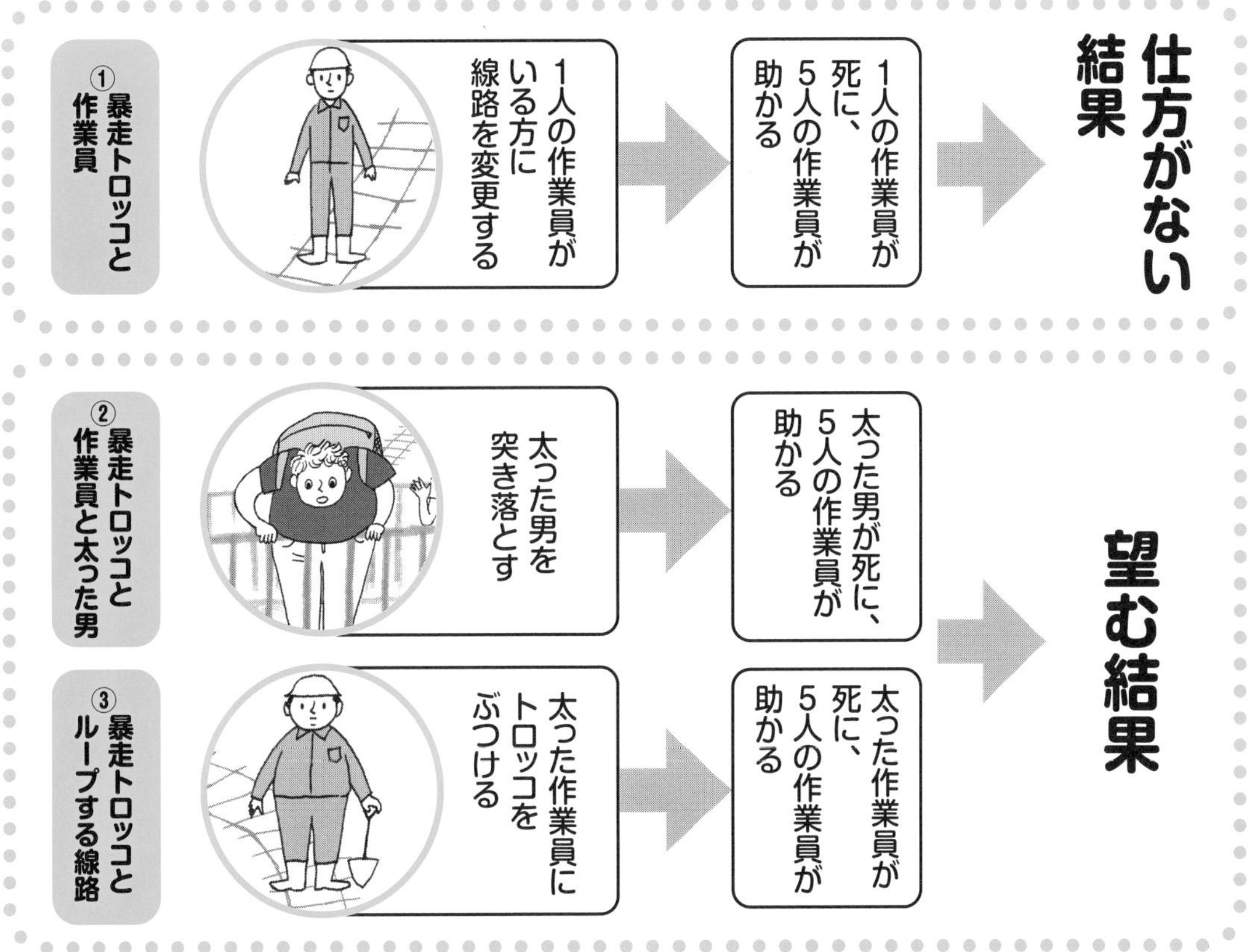

①暴走トロッコと作業員
1人の作業員がいる方に線路を変更する
1人の作業員が死に、5人の作業員が助かる
仕方がない結果
②暴走トロッコと作業員と太った男
太った男を突き落とす
太った男が死に、5人の作業員が助かる
③暴走トロッコとループする線路
太った作業員にトロッコをぶつける
太った作業員が死に、5人の作業員が助かる
望む結果

む結果とは違う結果になってしまうのです。

今回の問題は、**太った作業員の死を必要としている点で「暴走トロッコと太った男」よりも「暴走トロッコと作業員」と近い**といえます。それにもかかわらず、多数派が入れ替わる原因の1つは、先ほどもお話ししたように、「暴走トロッコと作業員と太った男」は**直接男の背中を押すということの抵抗感がよほど強いのかもしれません**。

想像しやすく分かりやすい設定でありながら、少し設定が変わるだけで考えに違いが生じ、いろいろな観点から問題を見つめ、自分なりの答えを探すことができるのがトロッコ問題に多くの人が興味を示す理由でしょう。

＊

5人を助けるために1人を犠牲にする、という問題は、トロッコ問題以外にも派生しています。次にその中の1つをご紹介します。5人を助けるために1人を犠牲にするという状況は変わらないまま、場面がトロッコから病院に移ります。

No.4 6人の患者と薬

【思考実験メモ】

「6人の患者と薬」そして次にご紹介する「効かない薬」は、「暴走トロッコと作業員」を提起した、イギリスの倫理学者フィリッパ・フットが提起した思考実験を基にしています。

選択！ どちらに薬を使う？

【薬】

1つで助けられる人数
・重症者は1人
・中程度の症状なら5人

A 中程度なので今日明日死ぬことはない5人

B 重症で今にも死にそうな1人

思考実験！

1人の重症患者と、5人の中程度の症状がある患者がいます。

ここに、その病の特効薬があるのですが、あいにく1つしか用意されていません。

5人の中程度の症状がある患者は、今用意されている1つの薬を5人で分けることで5人全員が完治します。

1人の重症患者は1人で薬をすべて使用し、完治します。

5人の中程度の患者は今日明日の命というわけではありませんが、1人の重症者は一刻も早い治療が必要です。

あなたは、1人の重症患者と5人の中程度の症状がある患者のどちらを助けますか？

重症者に使う(B)が多数派

重症者1人

を助けて、その後

中程度5人

を助けることで、

できれば全員を助けたい

まずは重症者に薬を使う

考え方のヒント

この問題を出すと、多くの人はこう考えるのではないでしょうか。

「5人の患者はまだ中程度で重症化していない。それならば今ある薬で1人を助ければ、5人を救うためにまた薬を手に入れるまでの時間はある。この薬で5人を助ければみすみす1人の命を失わせてしまうのではないか。本当は全員助かるのではないか。薬の入手方法などを吟味したうえではあるが、この薬は重症患者に与えるべきだ」

おそらくその場にいる病院スタッフや、それぞれの家族を説得することを考えるとこの説明、この選択肢が選ばれるでしょう。

今まさに失われるかもしれない命を助けなければならないという心情が、その場にいる全員に働くのが一般的です。

ただ実際はその薬が十分に再入手可能なのか、その見通しは立っているのか、それまで残りの5人の患者が生きていられるのか、それが本当に正しいのかなど、難しい判断がいくつもあるでしょう。では、次は少し設定を変えてみます。

No.5 効かない薬

6人が病気に!

【病人】

プロジェクトリーダー1人とメンバー5人の計6人

皆同程度に重症

【薬】

プロジェクトリーダーのために会社から5つ送られてきた

5つで助けられる人数
・通常は5人
・薬が効きにくい人は1人

思考実験!

とある病院に6人の患者がいます。

彼らは同じ会社に勤めており、1人はプロジェクトリーダーで、残りの5人はそのプロジェクトのメンバーたちです。

仕事で海外に来ていたところ、その地特有の重い病気にかかってしまいました。6人は同程度の重症度で、薬を投与しないと近いうちに亡くなってしまいます。

そこに、プロジェクトリーダーが病気になったらしいという情報を知った会社から薬が届きました。

病気になったのは1人かもしれないが、余分に送っておこうと考えた会社から5人分の薬が届きました。

【思考実験メモ】

フィリッパ・フットは、これらの思考実験を、「例外的に中絶が認められるのはどんなときか」という議論で用いられていた「二重結果論」という説を検討するために提起しました。

選択！ どちらに薬を使う？

A
通常通りに
薬が効く
メンバー５人

B
薬が効きにくく
５人分の薬を
必要とする
プロジェクトリーダー

プロジェクトリーダー宛に届いた薬だったので、早速医師はプロジェクトリーダーに薬を投与しようとしましたが、事前の検査で、この薬が効きにくい体質であることが分かりました。この1人が助かるには、５人分の薬すべてを必要とします。

他の５人は効きにくい体質ではなく、通常通りの効果が期待できます。５人分の薬があればこの５人は命を取り留めます。

しかし、会社から追加で更に５人分の薬を送ってもらうには時間的に余裕がありません。

薬で救うことができるのは５人の命か１人の命、どちらかです。

薬が効きにくい1人と、残りの5人、どちらの命を助けますか？

5人に使う（A）が多数派

病状が同程度なら「5人を助けるか、1人を助けるか」という思考になり…

人数が多く助かる方が選ばれやすい

↓

トロッコ問題（P 8）と似ている

考え方のヒント

この問題では、多くの人は、1人より5人を助ける選択をするようです。薬が効きにくい1人が死んでしまうのはやむを得ないと考えます。

形が変わったとはいえ、この問題は1人と5人を比較する問題で、比較的数の問題として処理しやすい思考実験です。

トロッコの問題の「暴走トロッコと作業員」と似ていますが、異なる点があります。それはトロッコの問題は**1人と5人どちらを犠牲にするかを選択する**のに対し、この薬の問題は**1人と5人のどちらを助けるかを選択する**点です。

ここで、1人と5人のどちらを犠牲にするのかと、1人と5人のどちらを助けるかという2つの問題の違いについて考えていきましょう。

トロッコ問題を提示したフィリッパ・フットは、消極的義務と積極的義務について論じています。**消極的義務とは他人に危害を与えない義務**で、**積極的義務は他人を助ける義務**です。

つまり、トロッコの問題は消極的義務に関する

トロッコ問題との違い

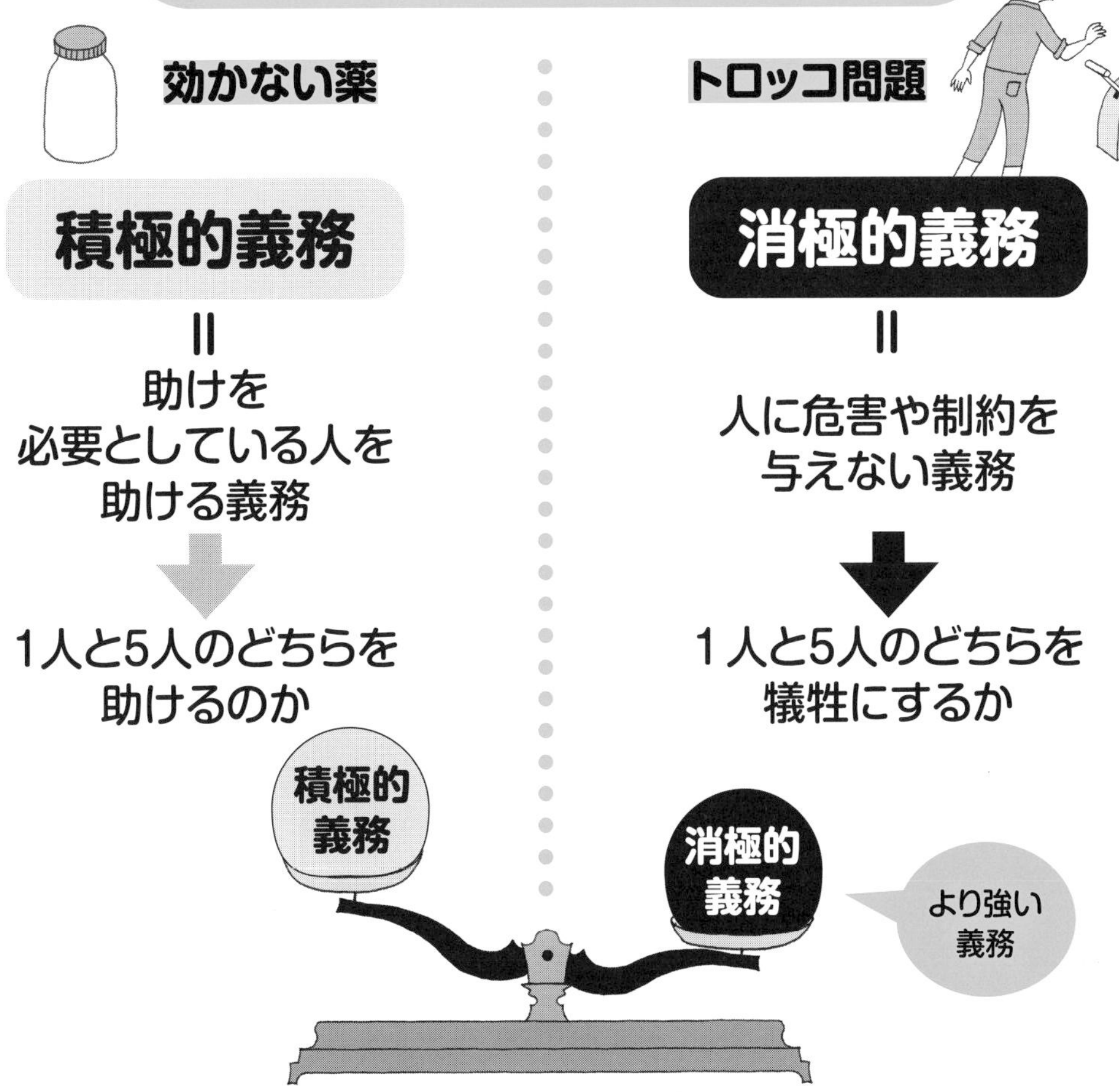
効かない薬
積極的義務
＝
助けを
必要としている人を
助ける義務
1人と5人のどちらを
助けるのか
トロッコ問題
消極的義務
＝
人に危害や制約を
与えない義務
1人と5人のどちらを
犠牲にするか
積極的
義務
消極的
義務
より強い
義務

問題で、「6人の患者と薬」及び「効かない薬」は積極的義務に関する問題と言えます。

例えば、ある子供が膝をすりむいて泣いていたとして、あなたがその子供に手を差し伸べることなくその場を通過しても誰もあなたを責めないでしょう。

しかし、あなたがコンクリートの破片をもってその子の膝に擦り傷を付けたとしたら事件になりますし、非難を受けます。

当然、まさかそんなことをするはずがないと考えるでしょう。このことから分かるように、他人に危害を与えない義務である消極的義務のほうがより強い義務となります。

2つの義務を理解しても、消極的義務に関する問題である「暴走トロッコと作業員」でも、積極的義務に関する問題である「効かない薬」でも、結果は同じく1人を犠牲にして5人を助けるほうが多数派です。

多くの人は消極的義務でも積極的義務でも同じ結果を出しました。では、どのような問題を考えるときに積極的義務と消極的義務の差が問題になるのでしょうか。

村のおたずねもの

濡れ衣を着せられたよそ者と暴徒と化した村人

【思考実験メモ】

フィリッパ・フットは「積極的義務」と「消極的義務」を「二重結果論」よりも優れた判断基準として提示しました。この問題もフットが提示した問題で、この問題を解くカギは積極的義務と消極的義務にあります。

思考実験！

積極的義務と消極的義務の違いを体感できる思考実験がありますのでご紹介します。

※

ある村で大事件が起きています。大罪を犯したという人を捜して村人が暴徒化し、各々武器になりそうなものをもって気を高ぶらせているのです。

犯人とされている人はよそ者で、よそ者であるがため村人はなんとしてでも彼の息の根を止めてやろうと血眼になってその犯人を捜しているのです。

村人たちも普段は他人を尊重する普通の人々です。

選択! どちらを選ぶ?

A
無実のよそ者を犠牲にして村人の暴徒化を止める

B
よそ者をかくまい村人が5人死ぬのを黙って見ている

あなたはその犯人とされる男をかくまっています。彼は、本当は罪を犯しておらず、あなたはそれを知っています。

暴徒化した村人は荒ぶる気持ちを抑えきれず、あちこちの家に押しかけては犯人捜しを強行し、収まる気配がありません。

唯一村人たちを抑える方法は、あなたが無実のよそ者を彼らに差し出すことで、そうすれば差し出された無実のよそ者が殺されることで事態は収束します。

しかし、このまま何もせずに成り行きに任せると暴徒化した村人が暴れ、混乱の中で暴徒化した村人のうち5人が犠牲になることが分かっているとします。

無実のよそ者を差し出すか、暴徒化した村人のうち5人が死んでしまうのを黙って見ているか、どちらを選びますか?

義務と条件がぶつかる

犠牲者数（条件）の比較

5人の村人
1人のよそ者

義務の比較

暴徒化した村人の命を助ける義務
積極的義務
消極的義務
無実のよそ者に害を与えない義務

よそ者を助ける（B）を選択する人が多数派

考え方のヒント

実際には暴徒化した5人が犠牲になることは事前に分かるはずもありませんが、このような通常あり得ない設定で話を進めることができるのも思考実験ならではです。設定として決まっていることは疑わずに思考を進めていきましょう。

まず、単純に数で比較するなら1人が犠牲になるほうを選ぶでしょう。しかし、この問題では多くの人は暴徒化した村人5人が巻き添えになるほうを選びます。無実のよそ者よりも、勘違いして暴れた村人に非があると考えるのが一般的でしょう。それに何の罪もない人を殺されると分かっていながら差し出す行為には強い罪悪感があるはずです。

無実の犯人を暴徒化した村人に差し出すのは、他人に危害を与えないとする「消極的義務」に反する行動です。暴徒化した村人のうち5人が巻き添えになるのを見ているのは、他人を助ける行動をとるとする「積極的義務」に反します。

積極的義務よりも消極的義務のほうが強い義

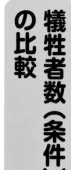

消極的義務は強い

	ぶつかるもの①	ぶつかるもの②	論点	多数派意見
暴走トロッコと作業員	1人を犠牲にしてはいけないという消極的義務	5人を犠牲にしてはいけないという消極的義務	5人か1人か	1人を犠牲に5人を助ける
効かない薬	1人を助けなければならないという積極的義務	5人を助けなければいけないという積極的義務	5人か1人か	1人を犠牲に5人を助ける
暴走トロッコと作業員と太った男	太った男を橋の下に落としてはいけないという消極的義務	5人を助けなければいけないという積極的義務	5人+積極的義務か 1人+消極的義務か	1人を犠牲にせず、5人を助けない
村のおたずねもの	1人を犠牲にしてはいけないという消極的義務	5人を助けなければいけないという積極的義務	5人+積極的義務か 1人+消極的義務か	1人を犠牲にせず、5人を助けない

務ですから、1人を守ることを選択するほうが多数派となるのです。フィリッパ・フットもこの問題では暴徒化した村人に罪のない人を差し出すべきではないとしています。

このような義務のぶつかり合いは、これまで見てきた思考実験にも見られます。「暴走トロッコと作業員」、「効かない薬」、「村のおたずねもの」、「暴走トロッコと作業員と太った男」をまとめると上記のようになります。前者2つはどちらも同じ義務のぶつかり合いであるため、被害が少ない方が選ばれがちです。一方で、後者2つでは、2つの義務が衝突しているため、前者2つほど簡単には考えられなくなります。

例えば「暴走トロッコと作業員と太った男」では、リュックを背負った太った男を橋の下に落としてはいけないという消極的義務と、5人の命を助けるという積極的義務がぶつかっています。消極的義務のほうが強い義務なので、多くの人がリュックを背負った太った男を突き落とす行為に抵抗を示すのです。

それだけ消極的義務は私たちの心理に深く根付いているといえるでしょう。

第2章

矛盾がからみつくパラドックス

この章ではパラドックスやジレンマといったどうしようもない矛盾を考えていきます。

パラドックス（逆説）とは、正しいと思われる推論を重ねて得られた結論が信じがたいものであるような、矛盾をもたらす命題のことです。

またジレンマとは、２つとも取りたいのに一方を取るともう一方が不都合になるといった何ともしがたい状況です。食べたかったケーキをもらったけれどダイエット中だとか、仕事をしないと家計が成り立たないが、育児をおろそかにはできないとか、日常の中にもたくさんのジレンマが存在します。

分かりにくいかもしれませんので実際の例を見てみましょう。

１００個もの積み木が山のようになっています。ここから積み木を１つ取り除いたとします。もちろんここには積み木の山があります。さてもう１つ取り除きました。積み木の山はほんの少し小さくなってもやはり積み木の山です。

つまり、積み木の山から１つの積み木を取り除いても、そこには積み木の山が残るということが分かります。

さて、どんどん取り除いていき、ついに最後の１つになりました。さてこれは積み木の山と言えますか？

他の例も見てみましょう。

ここにすべての能力を持った全能者がいます。彼に聞きました。

「何でもできるのなら、自分でも倒せないような強い魔物を作ってみてくれ」

さて、困ったことになりました。自分で倒せないような強い魔物も全能者の自分なら作れないといけない。しかし、倒せない敵がいては全能者とは言えない。全能者はこの魔物を作れるのでしょうか？

考えれば考えるほど頭が疲れてしまいそうですが、なんとなく面白そうだとも思えたのではないかと思います。パラドックスやジレンマの思考実験は、脳に好奇心を持たせ、悩ませる深い思考で刺激してくれます。

No.7

テセウスの船

素材が変わっても同じ船？

出来た当時の木材が修理ですっかり取り替えられた船は元の船と同じ船？

修理されたテセウスの船を巡る２つの意見

その時の木材はどこにも残っていないのだから、これは別の船だ

テセウスの船が、テセウスの船として保存され、その目的で修理が繰り返されてきたのだ
修理されたテセウスの船を見た人は「これはテセウスの船だ」と言うだろう

思考実験！

アテネの若者と共に帰還したテセウスの船は、アテネの人々によって大切に保管されました。

テセウスの船は、腐った部分があれば新しい木材と取り替えられながら、長い年月にわたり大切に保存されました。

テセウスの船を作った職人の技術は受け継がれ、当時の手法で、当時の設計図の元、慎重に修理されてきました。

気がつけば当時の木材はすっかり取り替えられてしまい、現在のテセウスの船のどこにも残っていません。

そこで、上図のような議論が起こりました。

あなたは「この船は、テセウスの船である」と言えると思いますか？


【思考実験メモ】

この話の基になっているのは、ローマ帝国のギリシア人倫理学者であり作家のプルタルコス（英語名プルターク）による伝説として今に伝わる有名な話です。

選択！ どちらが本物のテセウスの船？

取り替えられた木材を集め船を作ったら、元々あった船と併せて2つに…！　本物はどちら？

A 少しずつ修復されて保存されてきた船

B 当時の木材を使って復元された船

　また、職人たちはすべての木材を取り替えたのだから、取り替えられた朽ちた木材を使ってもう1つの船ができるのではないかと考え、取り替えられた木材を組み立てなおし、もう1つのテセウスの船を作り上げました。ボロボロの船ですが、使われている木材はまさしくあの伝説の船テセウスのものです。

　2つの船を見た有識者たちは、どちらが本物のテセウスの船なのかを議論しました。

　ある人は言いました。

「朽ちているとはいえ伝説の船テセウスに使われていた木材でできているのだから、当然これこそがテセウスの船だ。修理されたほうのテセウスの船はレプリカなのだ」

　別の人は言いました。

「いや、これはテセウスの船とは呼べない。なぜなら、修理されてきた本物のテセウスの船があるのだ。ずっとここにあり、修理が続けられてきたテセウスの船の隣で、突然今日、テセウスの船がもう1つ現れました、では困る」

　あなたは、**この場合の本物のテセウスの船はどちらだと思いますか？**

「本」で考える「同じ」

「タイトルが同じ」
なら同じ本?
「新品の本」と
「中古の本」は
同じ本?
「10年前から
ここにある本」は
10年前と同じ本?
「サイン入りの本」と
「サイン無しの本」は
同じ本?
「同じ本」
はこの本1冊
以外ない?
「私の本」と
「彼の本」は
同じ本?

→「同じ」は時と場合によって変化する

考え方のヒント

この思考実験で問題となってくるのは、**何を基準に伝説のテセウスの船と同じものであるとするのか**、ということです。

すべての部品や木材が新しいものに取り替えられても同じものと呼べるのでしょうか。そもそも同じとは何を基準に考えればいいのでしょうか。

例えば、今あなたが手にもっている「本」で「同じ」を考えると上図のようになります。

時と場合により〝同じ〟という言葉の持つ性質は変化するのです。

では、テセウスの船の場合、何をもって同じと言えばいいのでしょうか。

もし目的から考えるなら、テセウスの船は修理されたほうの船を本物と考えるべきです。なぜなら、最初のテセウスの船と同様の機能を保ち、同じ仕事ができるのは修理されたほうの船だからです。

当時のテセウスの船のように海に浮かび、動くことができるのは修理されたテセウスの船であり、復元されたテセウスの船は海に浮かべればす

船にとっての「同じ」とは?

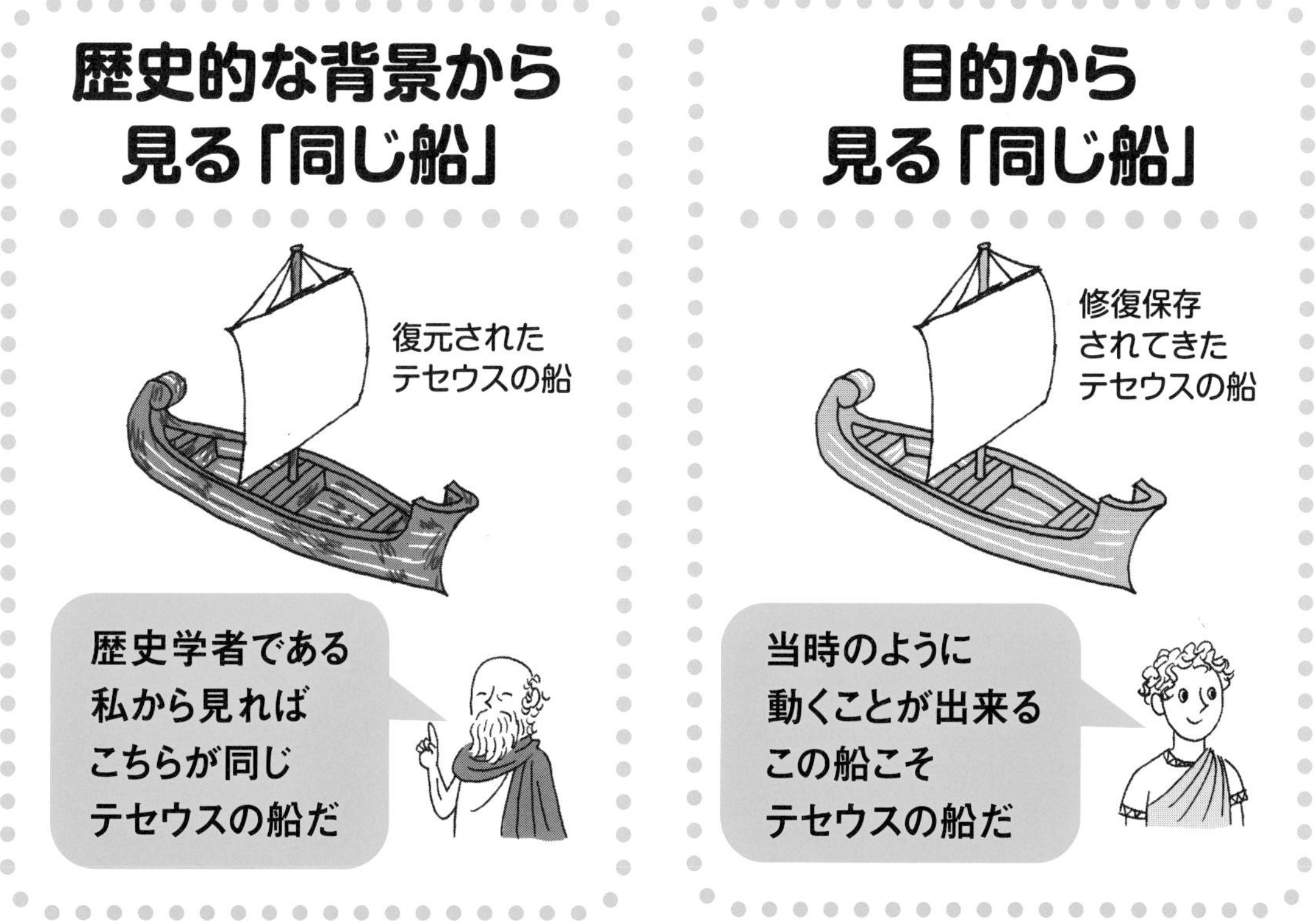
歴史的な背景から
見る「同じ船」
復元された
テセウスの船
歴史学者である
私から見れば
こちらが同じ
テセウスの船だ
目的から
見る「同じ船」
修復保存
されてきた
テセウスの船
当時のように
動くことが出来る
この船こそ
テセウスの船だ

→ 種類の違う「同じ」を比べるのは難しい

ぐに沈んでしまうでしょう。

さらに、修理されたほうのテセウスの船は、テセウスの船がアテネに現れてからずっとそこにあります。もし、復元されたほうのテセウスの船が本物と言うのなら、テセウスの船を守ってきたすべての労力を否定することになるでしょう。

では、ある調査員が、アテネの若者と共に帰還したテセウスの船に遺された痕跡から、当時の歴史的な背景を調べようとしたとき、どちらの船を調べればいいでしょうか。

もし、調査員が、修理されたテセウスの船を調べ始めたとしたら、その船は違う船だから……と指摘されるでしょう。歴史的なことを考える時は当然、元の木材で復元されたほうのテセウスの船を本物とみなし、そちらを調査すべきです。

このように、**何をもって同じとみなすかによって、答えは違ってくる**のです。時と場合により“同じ”は変化します。

種類の違う“同じ”を比べたために、テセウスの船は難しい問題となってしまったわけです。あなたの価値観や判断基準によって、テセウスの船の答えは変わってくるのです。

No.8

タイムマシン物語・1

ヒカルは過去に戻って母を助けられるか？

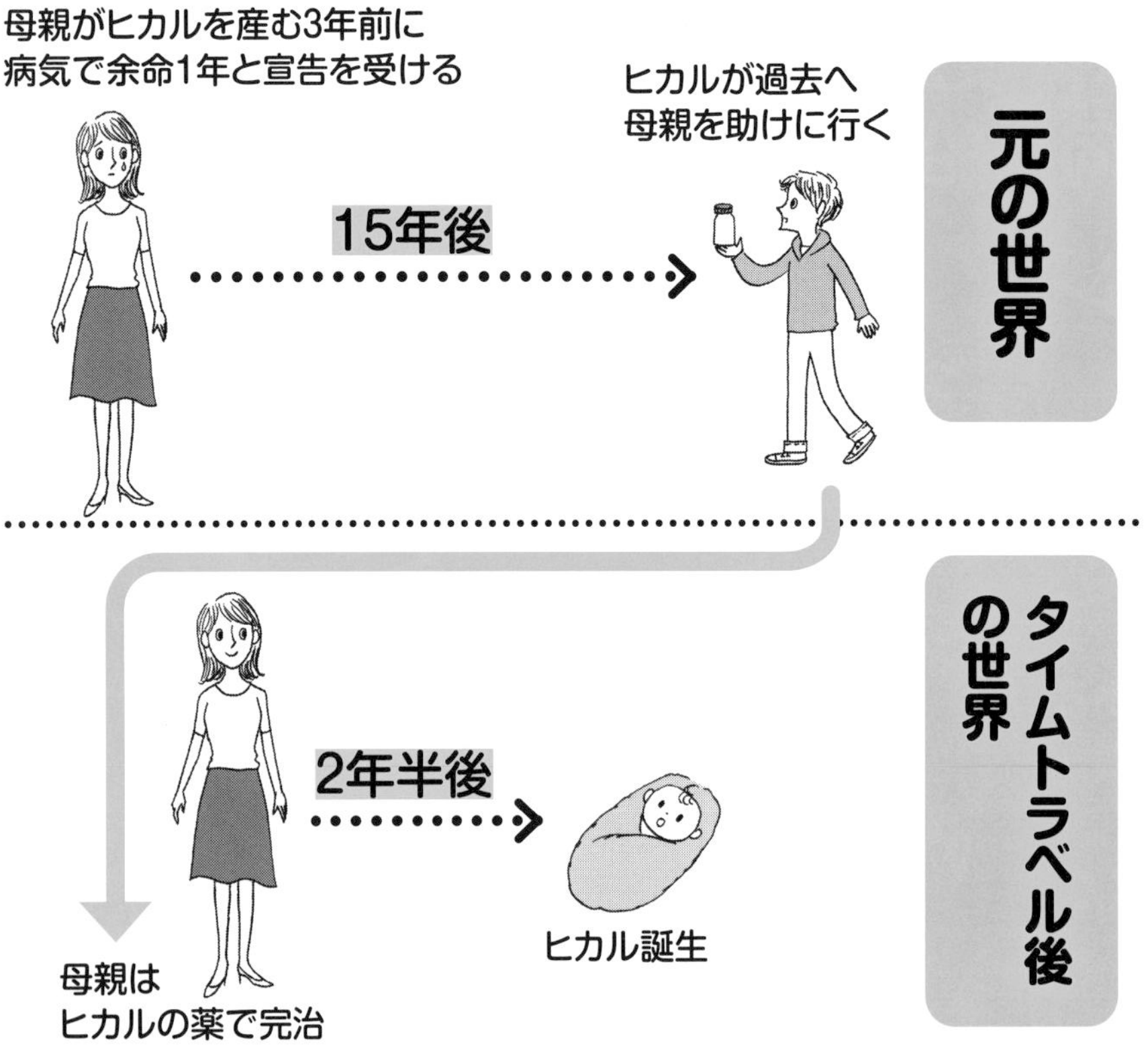
母親がヒカルを産む3年前に
病気で余命1年と宣告を受ける
15年後
ヒカルが過去へ
母親を助けに行く
元の世界
2年半後
ヒカル誕生
母親は
ヒカルの薬で完治
タイムトラベル後の世界

元の世界のヒカルはどこで誕生した？

思考実験！

ヒカルの母親は、ヒカルが生まれる3年前、重い病を患っていました。この時代の医療ではなすすべもありません。ヒカルを生むどころか命さえ助かる見込みもなく、あと1年の余命と宣告されました。

それから半年後、未来からやってきたという少年がヒカルの母親の為に特効薬を持ってきました。実は母親が余命宣告をされたその15年後に特効薬ができたのです。その薬を持って現れた少年はヒカルでした。

ヒカルはタイムマシンでまだ自らが生まれていない過去に行き、自分の母親の命を救いました。ヒカルが来なかったら母親は確実に命を落としていたのです。命を救われた母親は無事ヒカルを出産しました。

【思考実験メモ】

タイムマシンは存在できるのでしょうか？もし、将来タイムマシンが発明されたとしたらこういうことが起こるかもしれません。その場合、現実はどう変化するのでしょうか？

ヒカルは誕生できない

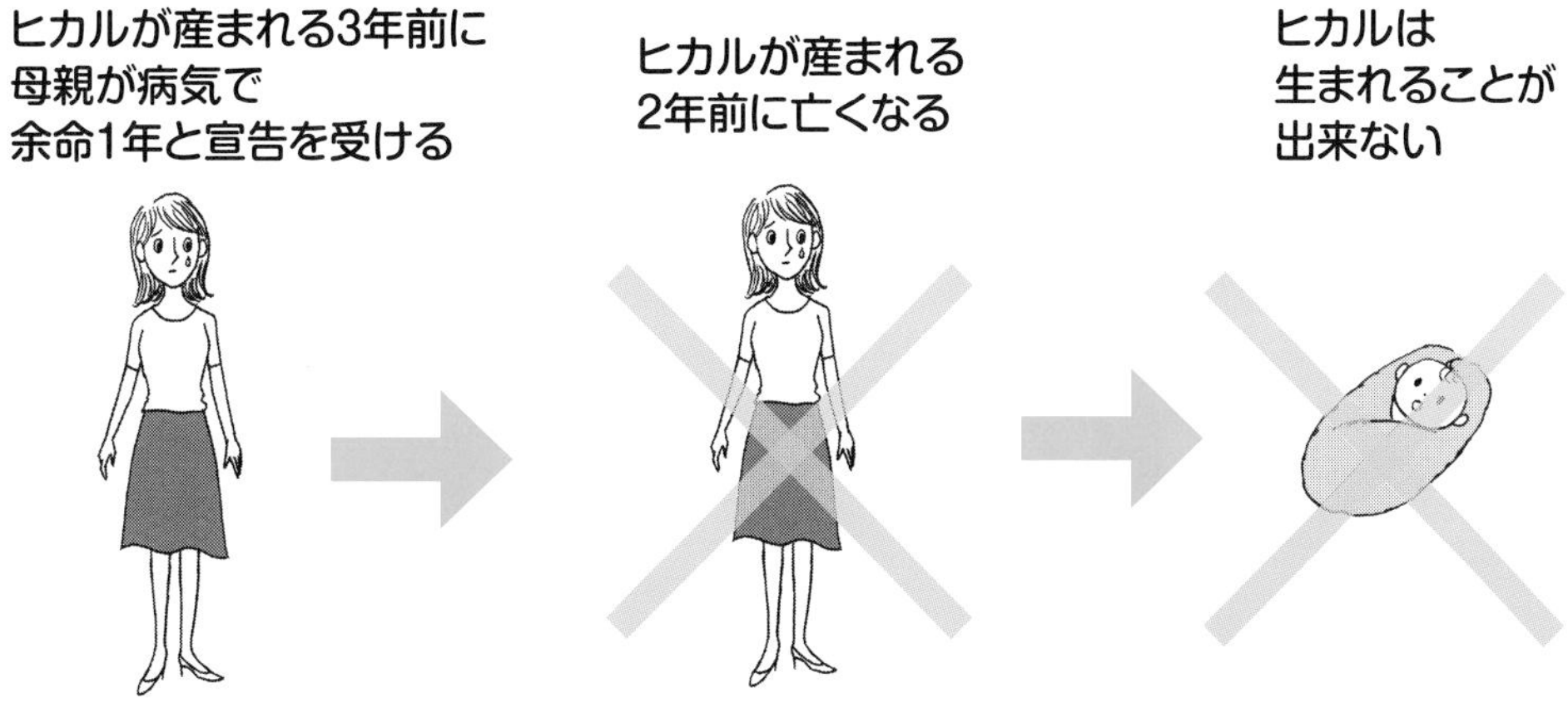
ヒカルが産まれる3年前に
母親が病気で
余命1年と宣告を受ける
ヒカルが産まれる
2年前に亡くなる
ヒカルは
生まれることが
出来ない

生まれていないので母を助けに行くことも出来ない

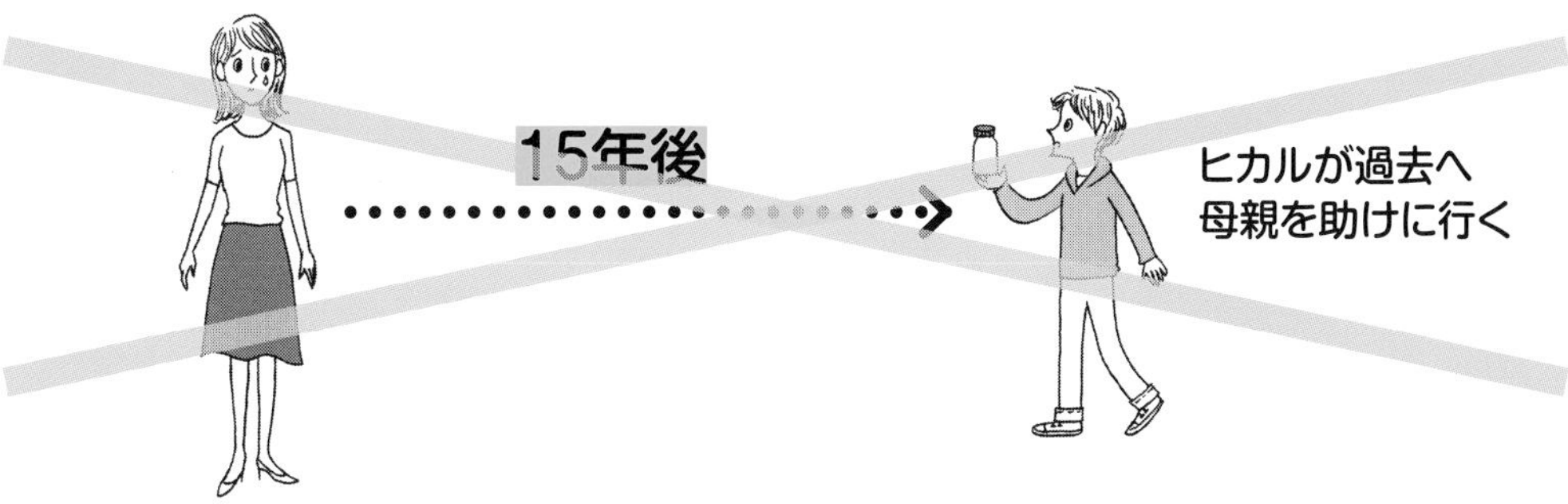
15年後
ヒカルが過去へ
母親を助けに行く

この物語は矛盾しています。どこだと思いますか？

考え方のヒント

ヒカルの母親が確実に命を落としたのなら、ヒカルは生まれていないことになり、ヒカルはタイムマシンで助けに行くことはできません。

ヒカルがタイムマシンで薬を届けて助けに行けるのなら、ヒカルの母は病を克服し、ヒカルを出産することができます。

今回のケースではヒカルの母親はヒカルを出産する前にこの世を去っているので、当然ヒカルは生まれていないはず。ですので、**存在しないヒカルが母親に薬を届けることはできない**と考えるのが妥当でしょう。

では、ヒカルが助けた相手が妹だったらどうでしょうか？

No.9

タイムマシン物語・2

ヒカルは過去に戻って妹を助けられるか？

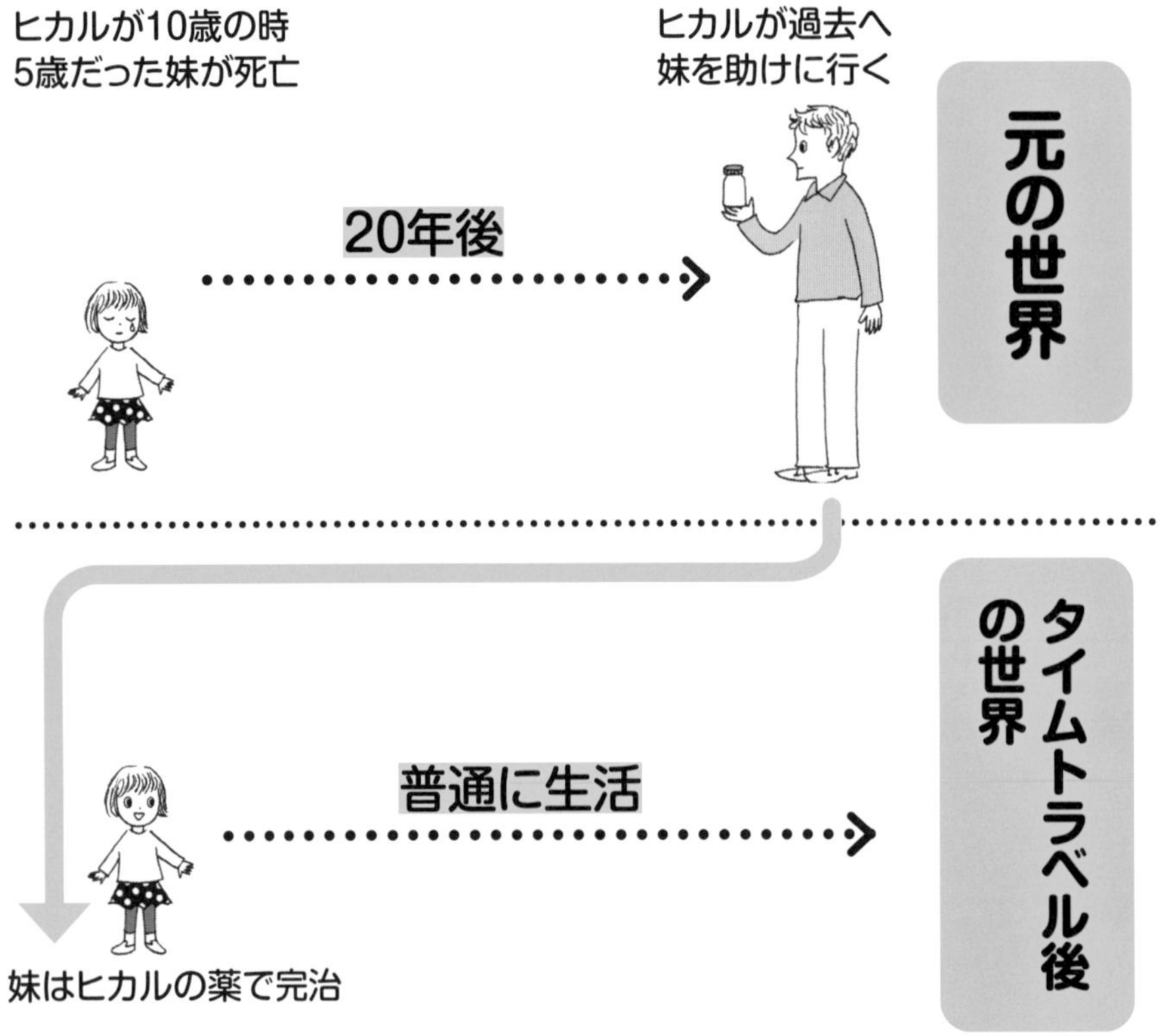

ヒカルが10歳の時
5歳だった妹が死亡
20年後
ヒカルが過去へ
妹を助けに行く
元の世界
タイムトラベル後の世界
普通に生活
妹はヒカルの薬で完治

死んでいたはずの20年間、妹はどこにいた？

思考実験！

ヒカルはヒカルがまだ10歳の時、当時5歳だった妹を病気で亡くしました。

時は流れヒカルが30歳になったとき、当時妹が患っていた病気の特効薬が見つかりました。

ヒカルはできたばかりのタイムマシンに乗って当時5歳だった妹の所へ戻り、特効薬を妹に与えました。妹は息を吹き返し、病気を克服したのです。

もし、タイムマシンがあるのなら、このような出来事は起こりそうです。

しかし、それならば**ヒカルが10歳〜30歳までの間、妹はどこにいたのでしょうか？**

【思考実験メモ】

タイムマシンが存在すると多くの矛盾が生まれます。これらのタイムマシンにまつわる問題は「タイムパラドックス」と呼ばれています。

タイムマシンの矛盾

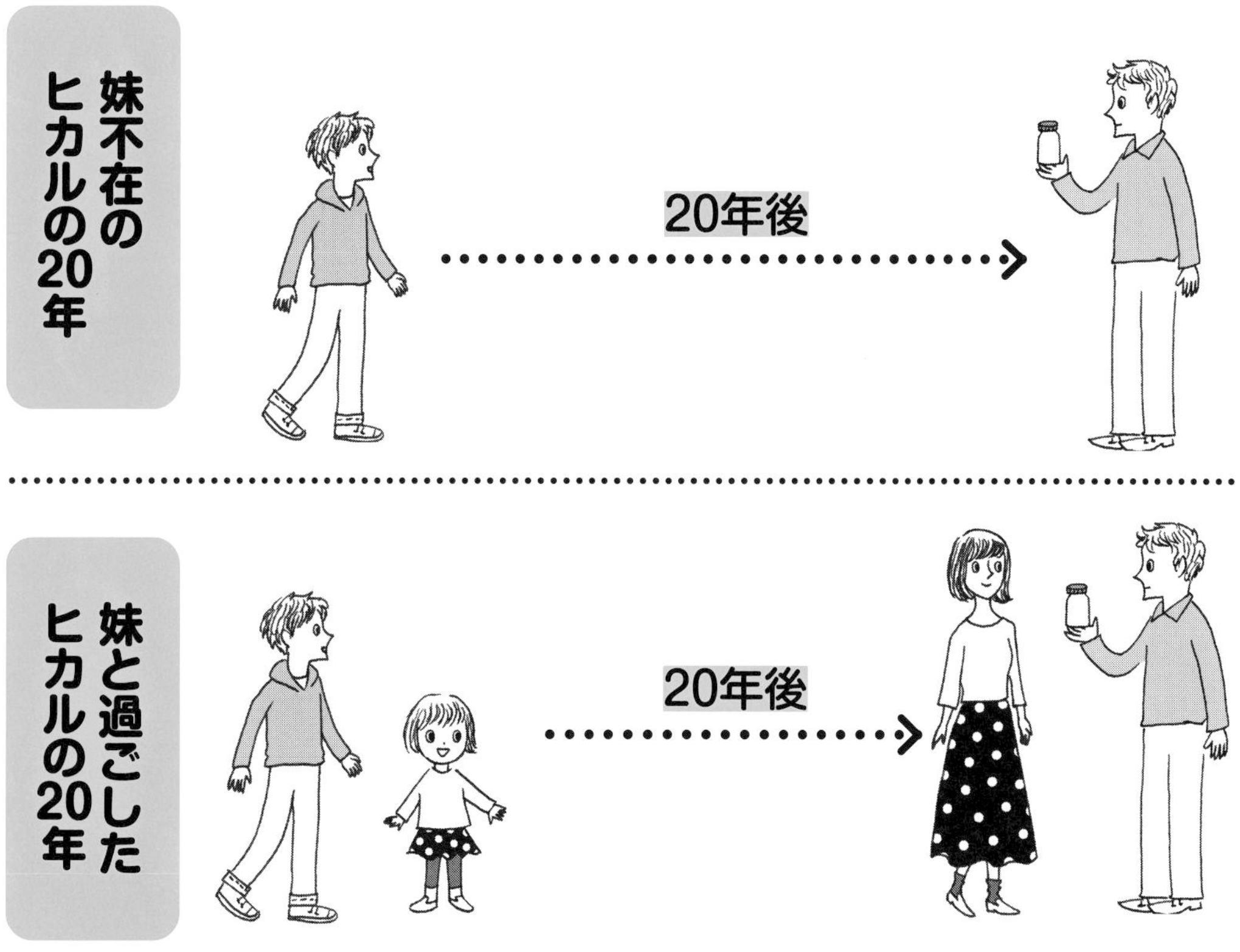

ヒカルの20年間が2種類あったことになってしまう

考え方のヒント

もしタイムマシンで特効薬が届けられたなら、妹は死んでいないことになりますからずっと一緒に過ごしていたことになります。

しかし、その場合、妹不在で過ごしたヒカルの20年間はどうなるのでしょうか。

また、ヒカルは10歳の時に既に、20年後からやってきた自分が妹を助けたという事実を知っているはずです。20年後にはタイムマシンがあって、特効薬を自分が妹に届けに来るはずだ、と。

ここから考えると、現実社会の未来にタイムマシンが存在する可能性は限りなく低くなるでしょう。もし、タイムマシンが未来のどこかで発明されるのなら、そこから時間旅行で今のこの時代に来ている人がいてもおかしくないのに、そのような情報はありません。

タイムマシンの存在を信じる専門家も、タイムマシンが過去に行くときに時間軸が分かれ、本物そっくりの世界に行くだけとしたり、過去に影響を与えてはいけないという制約があるとしたり、様々な意見を交わしているようです。

No.10 ニューカムのパラドックス

ツバサが参加した実験

ライト
未来をほぼ予知できる

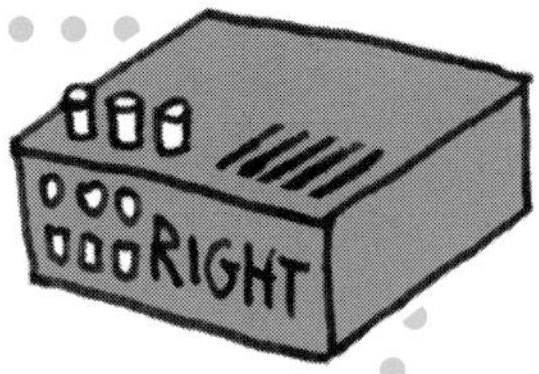

箱A

「ツバサが1つの箱を取る」とライトが
予想した場合、箱Aには1億円が入れられる

「ツバサが2つの箱を取る」とライトが
予想した場合、箱Aの中身は空にされる

箱B
常に100万円が入っている

【思考実験メモ】

この思考実験は、1960年代にアメリカの物理学者ウイリアム・ニューカムによって作られたものですが、現在でも広く議論されている難問です。

思考実験！

ツバサは、都内にある近未来的な建物の中にいました。とある実験に参加するためです。

「この実験を担当いたします、松田と申します。横にいるのは助手の村上です。そして、こちらにありますのが、未来予知をほぼ正確にこなす装置です。名称は『ライト』といいます」

「これが未来予知の装置……」

ツバサは興味津々に装置を見つめています。

「さて、ツバサくんには、これからこの部屋の中に入ってもらいます。

部屋の中にはAとBの2つの箱がありますから、箱Aのみ、または箱Aと箱Bの2つを取ってほしいのです。箱の中身は差し上げます。

まず、ツバサ君は、箱Aだけを取るのか、2つの箱を取るのかを心の中で決めます。次に、部屋

選択! 最大利益を得られるのはどちら?

A ツバサが箱Aを取る

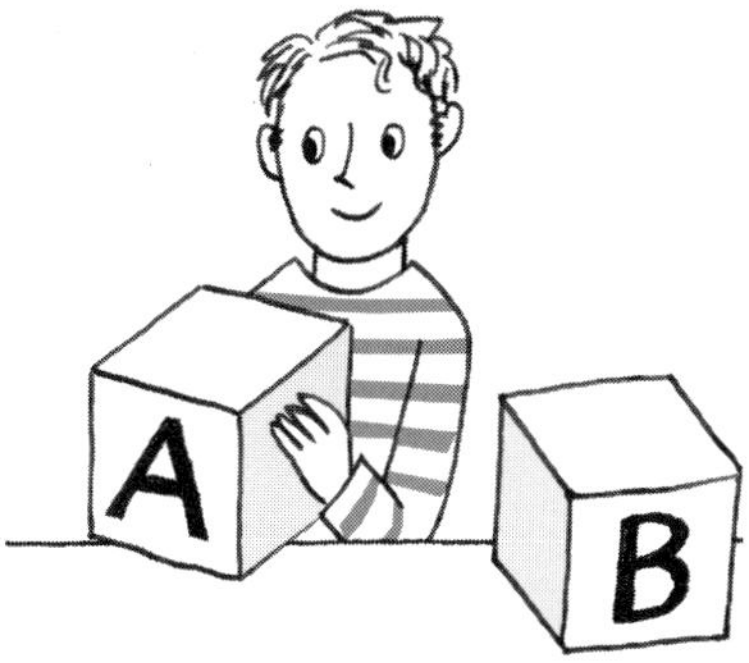

B ツバサが箱Aと箱Bを取る

に入り、実際に箱を手にします。では、箱の中身についてのルールをご説明しましょう」

【箱Aのルール】
・「ツバサが2つの箱を取る」とライトが予想した場合、助手の村上は、箱Aを空にします。
・「ツバサが1つの箱を取る」とライトが予想した場合、助手の村上は、箱Aに1億円を入れます。

【箱Bのルール】
・箱Bには常に100万円が入っています。

「このルールに従って、助手の村上が箱の中身をセッティングします。セッティングが終わりましたら、声を掛けますので、ツバサ君は部屋の中に入ってくださいね」

「つまり、ライトに〝欲張りなやつだ〟って思われたら、箱Aの1億円が消えちゃうってことかな。でも、ライトの予想も100%じゃないんだよね。〝ほぼ正確〟なわけだし。……よし、決めたぞ」

どうすれば最大利益を得られるでしょうか?

ライトの予想と箱の中身

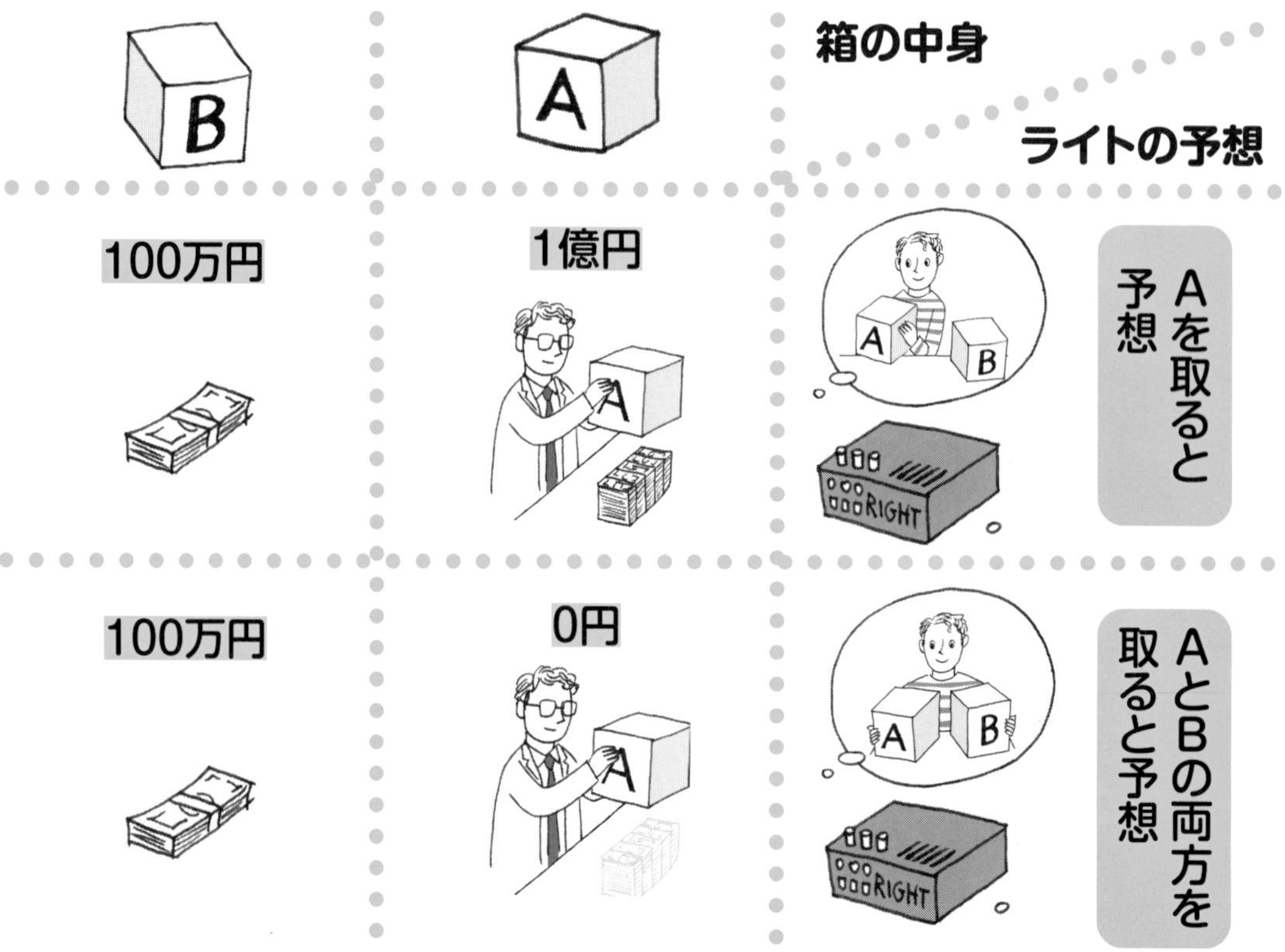

箱の中身
ライトの予想
B
A
100万円
1億円
Aを取ると予想
100万円
0円
AとBの両方を取ると予想
RIGHT

箱Aをとって1億円を得ること（A）が最大利益？

考え方のヒント

ライトはほぼ正確にツバサがどちらを取るかを予想できます。ですから、ツバサが箱Aだけを取ろうと考えて部屋に入ったなら箱Aには1億円が入っていて、ツバサは「ほぼ」確実に、予定通り1億円を手にするでしょう。

しかし、**「箱Aだけを取る」が疑いもなく正解ならば、この問題はパラドックスとは言えません**ね。とはいえ、両方の箱を取ると、高確率で手にできるのは100万円になってしまいます。これは賢い選択とは言えません。

そこで、違う思考を得るために、あえて最高額の「1億100万円」を目指してみましょう。このためには2つの条件が必要です。

1・箱Aに1億円が入っている
2・箱Aと箱Bを取る

一見、ライトが間違えたときにたまたま両方を取った場合しかありえないように感じられます。しかし、発想を変えてみましょう。先ほどのツバ

実験の流れと起こりうる可能性

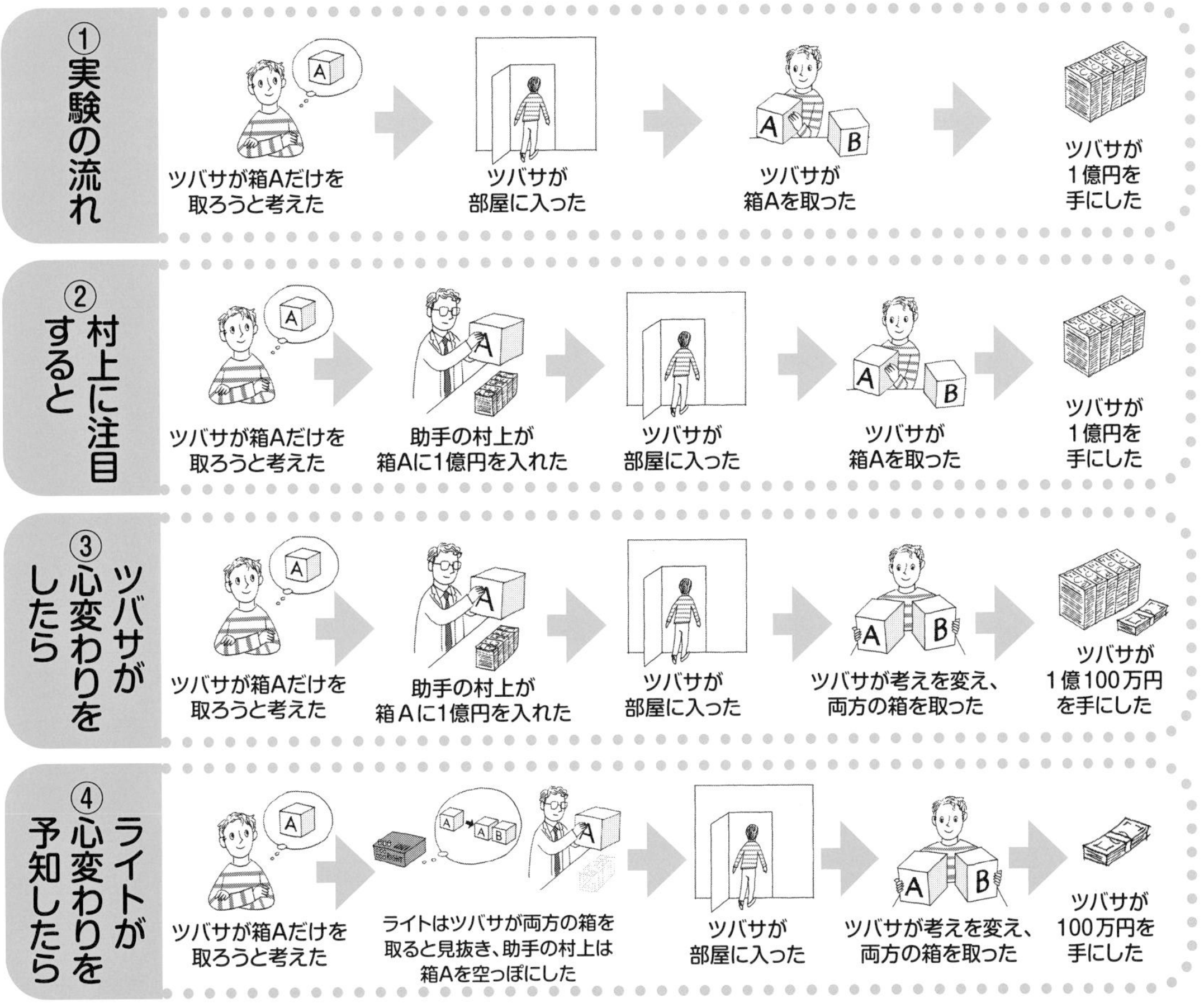
①実験の流れ
ツバサが箱Aだけを取ろうと考えた
ツバサが部屋に入った
ツバサが箱Aを取った
ツバサが1億円を手にした
②村上に注目すると
ツバサが箱Aだけを取ろうと考えた
助手の村上が箱Aに1億円を入れた
ツバサが部屋に入った
ツバサが箱Aを取った
ツバサが1億円を手にした
③ツバサが心変わりをしたら
ツバサが箱Aだけを取ろうと考えた
助手の村上が箱Aに1億円を入れた
ツバサが部屋に入った
ツバサが考えを変え、両方の箱を取った
ツバサが1億100万円を手にした
④ライトが心変わりを予知したら
ツバサが箱Aだけを取ろうと考えた
ライトはツバサが両方の箱を取ると見抜き、助手の村上は箱Aを空っぽにした
ツバサが部屋に入った
ツバサが考えを変え、両方の箱を取った
ツバサが100万円を手にした

サの行動を上図にまとめてみます。

①が実験の流れです。ここに、「助手の村上が箱Aに1億円を入れた」を入れてみます（②）。ツバサが部屋に入ったとき、すでに1億円は箱Aに入っています。ですから、もし、ツバサが「箱Aだけを取ろう」と考えて部屋に入り、結局両方の箱を手にしたなら、1億100万円を手にすることができるはずです（③）。

しかし、この考えにも1つ問題点があります。ツバサの心変わりもライトに見抜かれているという可能性はないでしょうか？ ライトに「ツバサは途中で気が変わって箱Aも箱Bも取る」と予想されれば、いくらツバサが「箱Aだけを取ろう」と考えて部屋に入っても、箱Aは空っぽになるでしょう。その場合、ツバサは100万円のみを手にすることになります（④）。

ツバサが「箱Aだけを取ろう」と決めて部屋に入り、「やっぱり2つとも取ろう」と考え直して2つの箱を取った場合、100万円を手にするのか、1億100万円を手にするのか、どちらになるのでしょうか？ もしあなたなら、箱Aだけを取りますか？ 両方の箱を取りますか？

第3章

心のありかを問う思考実験

この章では、「心」について考えていきます。

私たちは、一年前も、昨日も、今日もずっと「私」として生きています。なぜ、他の誰かではなく「私」なのでしょうか。他の人と入れ替わることもなく、「私」でいられるのでしょうか。「心」とはいったい何なのでしょうか。考えれば考えるほど不思議な存在です。

たとえば、こんな例を考えてみましょう。

あなたが朝目覚めたらすべての記憶を失っていたとします。過去のことも、自分の名前も、家族のことも、仕事のことも、何も思い出せません。なぜ今自分がこの場所にいるのかもさっぱり分からないのです。かろうじて日本語を知っているので日本人であることが分かるだけです。

こうなったとき、あなたはいったい何者になるのでしょうか。

そんなときに、「あなたはＡです。私はあなたの母親です」という人が現れ、それを信じてＡとしての生活を始めたとします。本当はＡではなく、この母親の勘違いであったとしても、気がつかなければ「Ａさんそのもの」として生きていくことになるでしょう。しかし、これは「私」が別の誰かにもなり得るということになるのでしょうか？

この章に出てくる「スワンプマン」や「転送装置」は、例のような“私とは何か”を考える思考実験です。「中国語の部屋」、「機械と心」、「哲学的ゾンビ」では、“心そのものについて”を考えていきます。

No.11

スワンプマン

化学反応で生まれたスワンプマン

【思考実験メモ】

「スワンプマン」は、アメリカの哲学者ドナルド・デイヴィッドソンが1987年に考案した思考実験です。スワンプマンとは、直訳すると沼男です。

思考実験！

男はいつものように朝7時に目覚めました。昨晩、183ページまで読んだ本が枕元にあり、それを本棚に戻すと、1階に下りていきます。

すでに朝食の準備ができていて、男は家族とともに食べ始めました。

「このパン、おいしいな」

「あらそう、また買っておくわよ。それより、そろそろ行かないと」

「そうだな、行ってきます」

男は写真家で、今日は撮影のために山に行き、明日は家族と市場に出かける予定です。

その日は、車で山の中腹まで行き、そこからは徒歩で撮影ポイントまで進みました。男は順調に撮影を進めていきました。しかし、山の天気は変わりやすいものです。だんだんと空は雲に覆わ

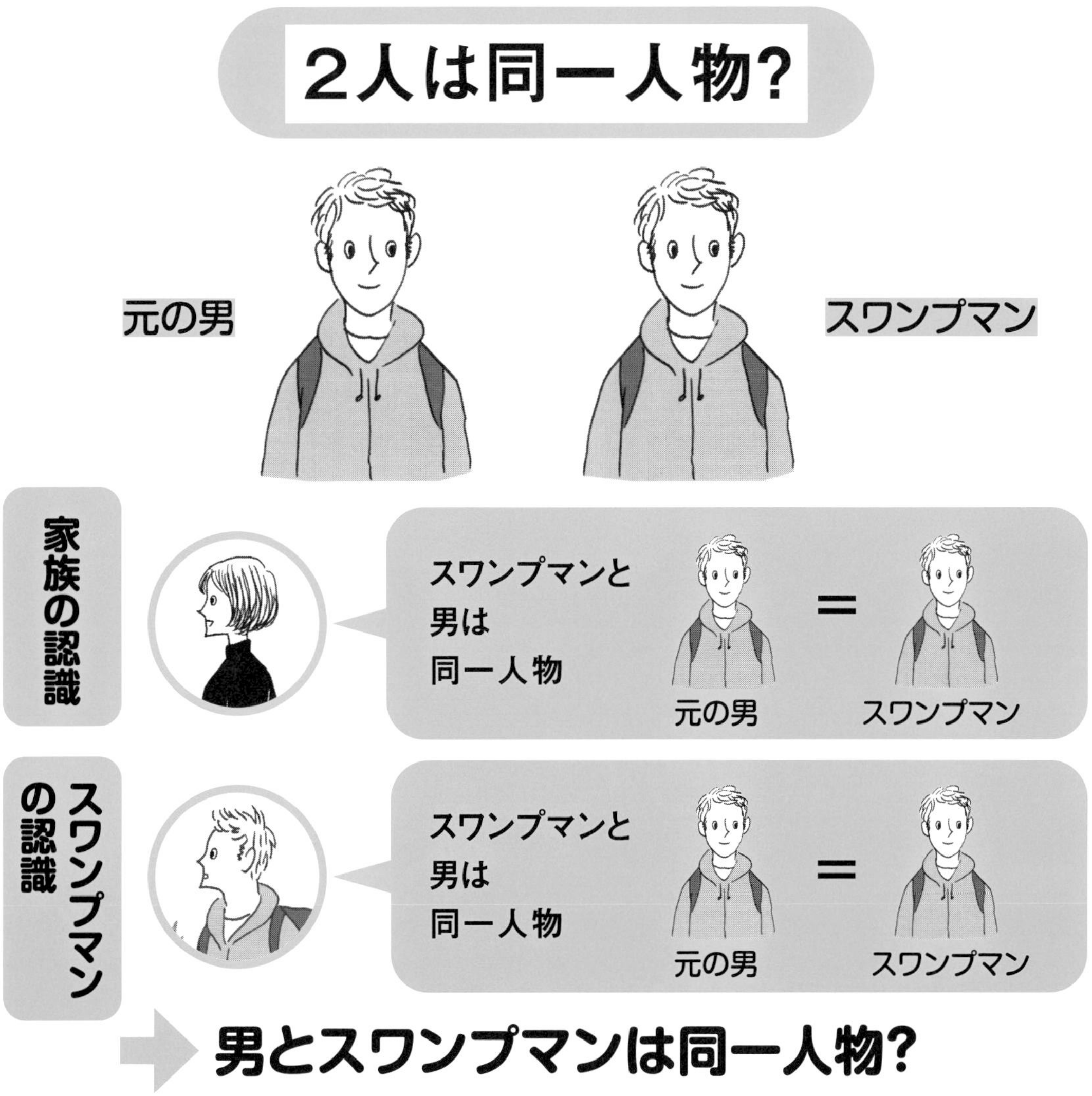
2人は同一人物?
元の男
スワンプマン
家族の認識
スワンプマンと
男は
同一人物
元の男
＝
スワンプマン
スワンプマンの認識
スワンプマンと
男は
同一人物
元の男
＝
スワンプマン
男とスワンプマンは同一人物?

れ、雷が鳴り始めたので、男は下山を始めました。

下山の途中、不運にも2つの雷が男の元に落下しました。1つ目の雷で男は即死し、直後に落ちた2つ目の雷は近くにあった沼で化学反応を起こし、男とそっくりの人物を作り出しました。

「なんだったんだ、今の光は。びっくりした。雷かと思ったよ。んー、何ともないみたいだな。ふう。危険だからさっさと家に帰ろう」

化学反応で生まれた男（以下スワンプマン）は山を下り、自宅に向けて車を走らせました。

「ただいま～」

「お帰りなさい。早かったわね」

「天気が急変してね。さっさと切り上げたんだ」

「そうなの。明日の予定、忘れていないわね？」

「もちろん、市場に買い出しだ。あのパン、買っておいてくれたかい？」

スワンプマンはいつものように家族と夕食を食べ、部屋に戻ると、本棚から読みかけの本を取り出し、183ページから読み始めました。

スワンプマン自身も家族も、彼がスワンプマンとは気がついていません。さて、**スワンプマンは男と同一人物なのでしょうか？**

どの点から見ると同じ？

「同じ」は何を基準にするかによって変わる（P35参照）

当時の材木でできた船が
「同じ」テセウスの船だ

当時のように動くことが出来る船こそ
「同じ」テセウスの船だ

- 細胞　：同じ
- 人柄　：同じ
- 趣味嗜好：同じ
- 記憶　：男が死んだときの雷の記憶以外は同じ

元の男　　スワンプマン

物質的に見た場合は同一人物

考え方のヒント

スワンプマンは、すべての細胞が男と等しくできています。男の記憶をすべて持ち、男の好き嫌いも、男の人柄もすべてそのままで、本人も家族も、友人も、誰一人として彼がスワンプマンとは気がつきません。さて、スワンプマンは死んでしまった男と同じ人物と考えていいのでしょうか？

　これについては意見が分かれたのではないかと思います。同じと考えても、違うと考えてもそれは正しい答えであると言えます。

　テセウスの船で、「同じ」は何を基準とするかで違ってくると解説しましたが、このスワンプマンでも同じことが言えます。**男とスワンプマンは同じとも言えますし、違うとも言える**のです。

　細胞レベルですべて同じであり、今までの人生の記憶も同一で、本人も家族も誰も見分けがつかないのですから、それは同じとみなしてよいでしょう。違う点がないのに、違う人物と言うほうが、無理があるとも考えられます。

　本人も自分は元の男であると何の疑いもなく答えます。事実を突きつけられても、「現実とし

どの点から見ると違う?

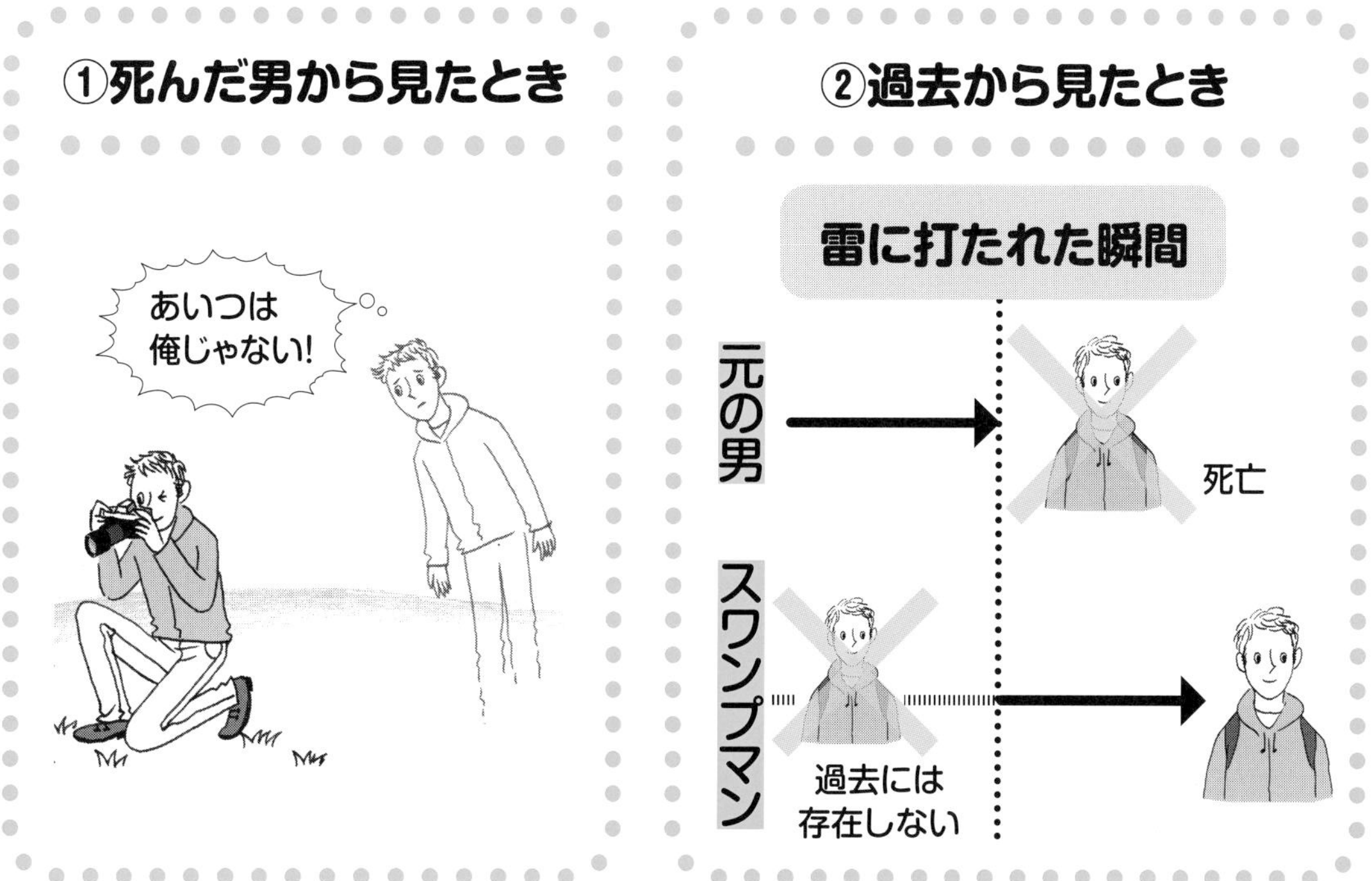
①死んだ男から見たとき
あいつは
俺じゃない!
②過去から見たとき
雷に打たれた瞬間
元の男
死亡
スワンプマン
過去には
存在しない

「男とスワンプマンは同一人物ではない」

by　考案者　ドナルド・デイヴィッドソン

てここに自分は生きている。そんな事件は起こったはずがない」と答えるのではないでしょうか。物質的に見たとき、男とスワンプマンの間には何の差もないので、同じと考えることができます。

一方で、死んだ男の魂がスワンプマンを見ていると想像すると、あそこに自分とそっくりの別の人間がいる、と思うでしょう。死んだ男から見ると、スワンプマンは確かに男とは違う意識を持った生命体です。

もう1つ、大きな違いが過去にあります。男は生まれてからずっと男として、男の人生を歩んできました。しかし、スワンプマンは違います。スワンプマンの誕生はあの雷によってもたらされました。雷が落ちる以前にはスワンプマンはこの世に誕生していなかったのです。男とスワンプマンの違いは継続性にあります。

スワンプマンが自宅に帰った1日前、スワンプマンは存在しておらず、そこに存在していたのは雷に打たれる前の男です。これは明確な差と言えるでしょう。このことから、**この思考実験の考案者であるドナルド・デイヴィッドソンは男とスワンプマンは同じではない、としました。**

No.12 転送装置・1

一瞬で移動できる装置

思考実験！

吉田ヒロトは、ブラジルのサンパウロで2時から行われる会議に出席するために、都内某所を訪れていました。そこは空港ではなく、転送所です。転送装置を使って一瞬でサンパウロに行く予定になっていました。

「これが転送装置か……」

「初めてですか？」

転送所の女性職員が声をかけてきました。

「はい。この機械でブラジルに飛ぶんですか？」

「そうです。一瞬で移動できますよ。今、設定を行いますので少々お待ちください」

ヒロトは、ソファに腰掛けながら思いました。

「これから自分はこの機械の中に入って、ブラジルに転送されるのだ。でも、どうやって……？」

不安になってきたヒロトは、職員に尋ねました。

【思考実験メモ】

様々な映画やアニメにも登場する転送装置を使った思考実験です。この思考実験では、イギリスの哲学者デレク・パーフィットが「人格の同一性」の問題を論じる際に取り上げたものを基にしています。

転送の仕組み

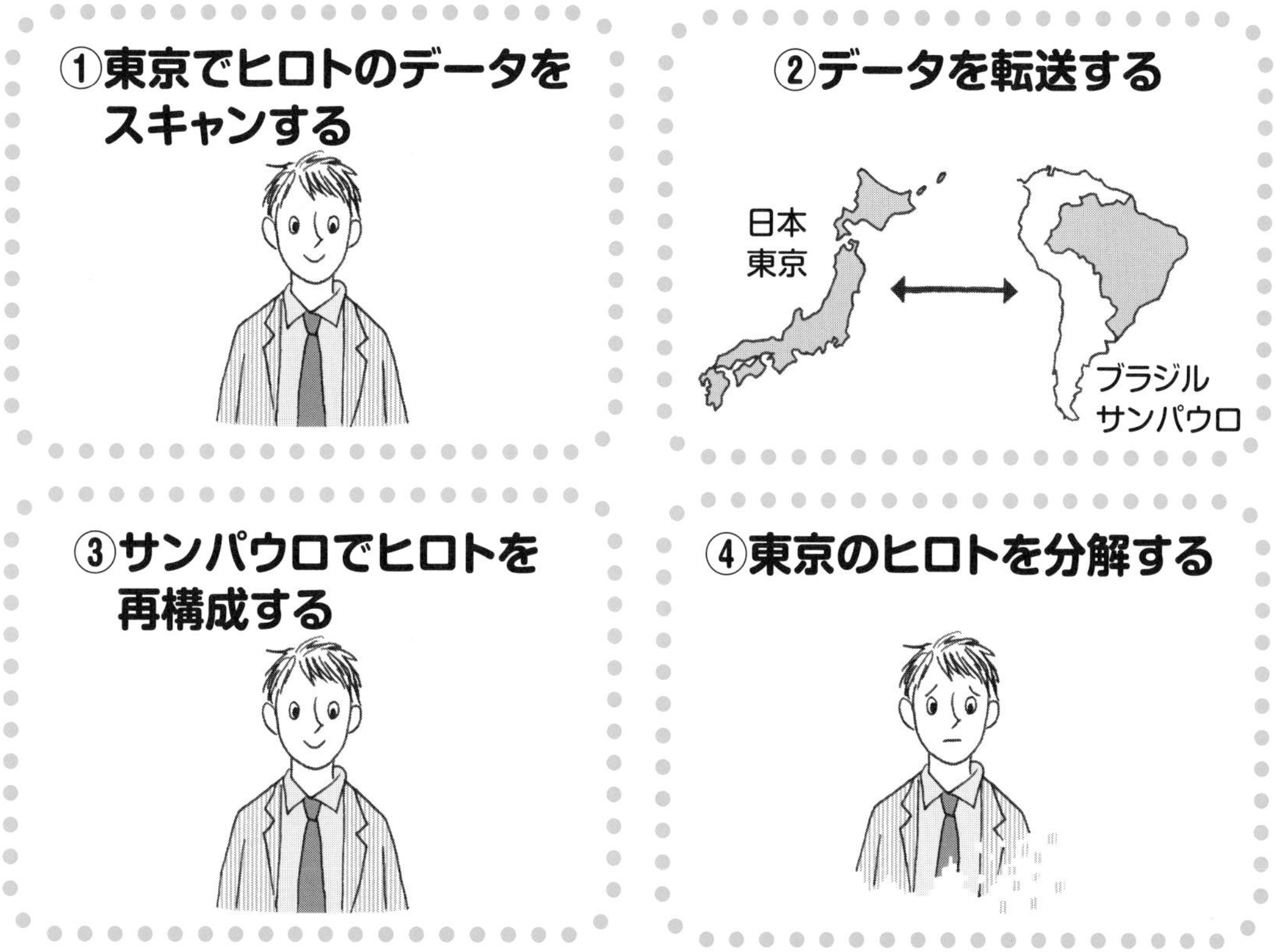

①東京でヒロトのデータをスキャンする
②データを転送する
日本
東京
ブラジル
サンパウロ
③サンパウロでヒロトを再構成する
④東京のヒロトを分解する

サンパウロのヒロトはヒロト本人？

「この転送装置で、どうやって私をブラジルに運ぶのですか？　空も飛ばずに一瞬で……」

「ええ、一瞬で着きますよ。お客様はこの装置の中でじっとしているだけで、20秒もあればスキャンと転送が終了します」

「ええっと……要するに、私の体をスキャンして、そのデータをブラジルに飛ばすと……」

「さようでございます」

　数秒の後、ヒロトは大きな疑問を抱きました。

「スキャンしたデータをブラジルに飛ばした後、東京にいる私はどうなるのでしょうか？」

「データを送った直後、東京にいらっしゃるお客様は一瞬で分解されます。もちろん、分解に痛みは伴いませんし、お客様は分解されることすら知らないままブラジルの地を踏むことになります。設定が終わりました。今1時25分です」

「はい。とにかく商談に行かないと……」

　ヒロトは転送装置の中に入り、待ちました。そして1分後、確かにサンパウロにいました。

　さて、**東京のヒロトはどうなったのでしょうか？　サンパウロのヒロトはヒロト本人ではないのでしょうか？**

スワンプマンと転送装置の比較

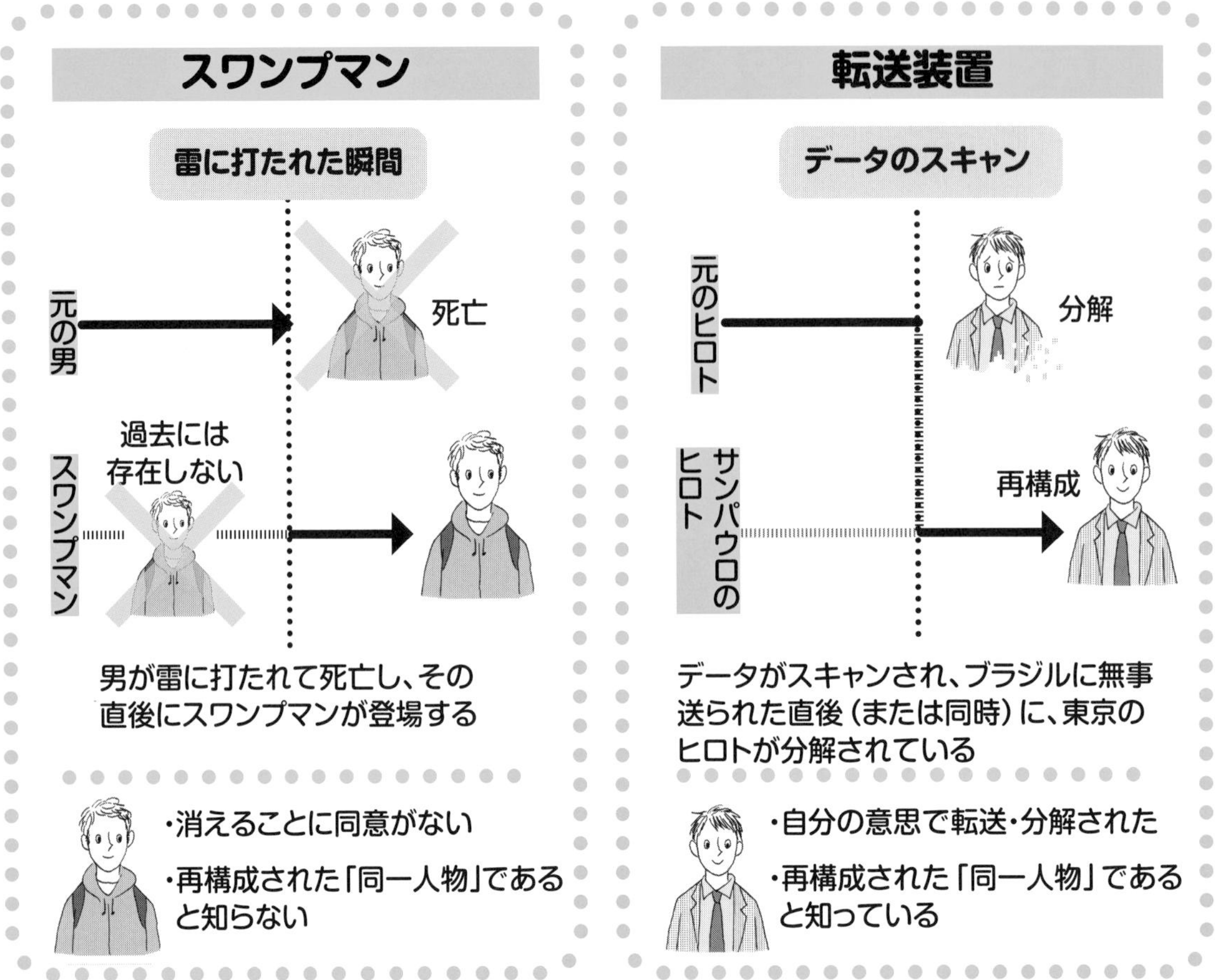
スワンプマン
雷に打たれた瞬間
元の男
死亡
過去には
存在しない
スワンプマン
男が雷に打たれて死亡し、その
直後にスワンプマンが登場する
・消えることに同意がない
・再構成された「同一人物」である
と知らない
転送装置
データのスキャン
元のヒロト
分解
サンパウロの
ヒロト
再構成
データがスキャンされ、ブラジルに無事
送られた直後（または同時）に、東京の
ヒロトが分解されている
・自分の意思で転送・分解された
・再構成された「同一人物」である
と知っている

考え方のヒント

「転送装置」は、「スワンプマン」（P46）と通ずる思考実験です。転送されたヒロトは、スワンプマンと同様、**物理的には転送前のヒロトと何ら違いはありません。身体も、記憶も、すべて全く同じです**。それでは、東京のヒロトとサンパウロのヒロトは同一人物なのでしょうか。

「スワンプマン」では、雷に打たれて死んだ男と、スワンプマンでは過去に違いがありました。スワンプマンは、男が雷に打たれる寸前まではこの世に存在しておらず、突然作られた存在でした。

では、サンパウロのヒロトの場合はどうでしょうか。データが送られ、再構成されたのがサンパウロのヒロトですから、スワンプマンと同様、突然作られた存在と捉えるほうが自然です。

スワンプマンとヒロトの違う点は2つです。

1つは、**消滅のタイミング**です。「スワンプマン」では、男が雷に打たれて死亡し、その直後にスワンプマンが登場しましたが、「転送装置・1」はその逆で、データがスキャンされ、ブラジルに無事送られた直後（または同時）に、東京のヒロ

2人のヒロトに起こること

東京のヒロト

「痛い……」
「消えたくない……」
と思っても、伝えようがないまま
消滅する

↕

サンパウロのヒロト

「本当に一瞬で着いた!」
「僕は僕のままだ」
と感じ、自分が東京で消滅したヒロトと
同一人物だと信じて疑わない

→「2人のヒロトは同一人物ではない」が多数派

トが分解されています。つまり、東京のヒロトは、分解される直前、自分が今から分解されると知ることになります。そして、仮に分解が痛かろうが、それを伝えるすべはないでしょうし、サンパウロのヒロトには伝わるわけもありません。

そして、サンパウロのヒロトはそのことを知らずに、「あっという間にブラジルに着いた」と感じるのです。

もう1つの違いは、**転送装置は本人の了承のもと、本人の意思で転送されている**点です。本人の同意があったことは確実で、東京のヒロトは消滅することは事前に分かっていますので、権利関係は問題なく引き継がれると考えて良いでしょう。

そして、スワンプマンは自分がスワンプマンであることすら知らないまま生活を続けますが、サンパウロのヒロトは、自分がスキャンから再構成された「同一人物」だということを知っています。

転送装置の思考実験について、「転送前の人物と転送後の人物は、同一人物でしょうか？」と尋ねると、同一人物ではないという答えのほうがよく聞かれます。あなたは転送前と転送後のヒロトは、同一人物だと思いますか？

No.13

転送装置・2

【思考実験メモ】

『何をもって「同一人物」であると考えるのか』というテーマは、長い間論じられてきた問題ですが、最初に哲学の俎上に載せたのはジョン・ロックであるとされています。

「転送＝クローンを作る」だとしたら……

思考実験！

転送装置にまつわる思考実験をもう少し続けてみましょう。

※

ある旅行会社の会議室で、転送装置を導入するかしないかの会議が行われています。

「私は反対です。転送装置は、お客様のコピーを作り、それを送るものです。つまり、クローンを作ってオリジナルを殺害するようなものです」

社員の山崎は、導入に反対しています。社内でも意見は分かれ、連日話し合いが続いています。

「しかし、ライバルのA社もB社も転送装置を導入して業績を上げている。わが社がこのまま転送装置を導入しないわけにはいかないだろう」

転送装置とFAXは一緒

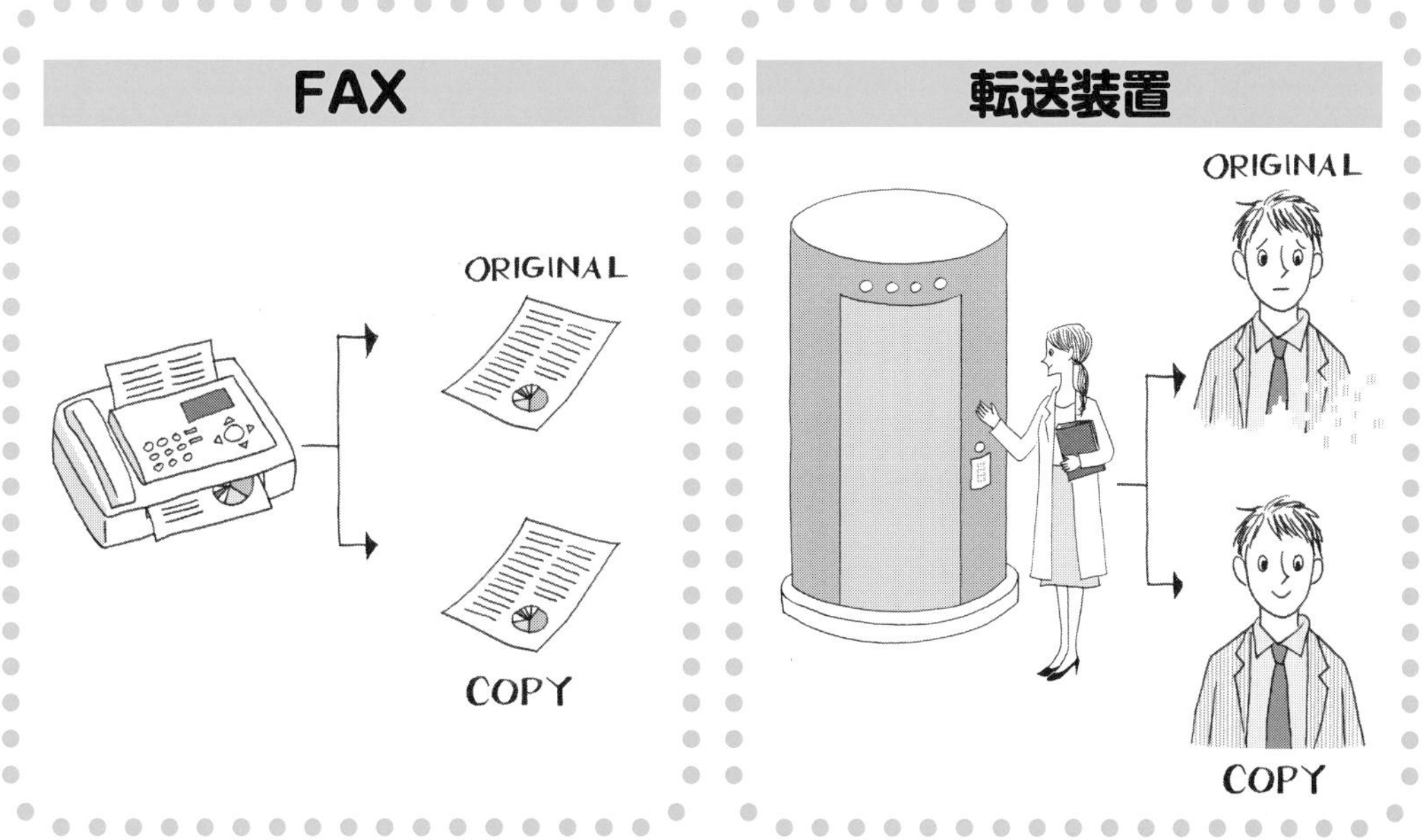
FAX
転送装置
ORIGINAL
COPY
ORIGINAL
COPY

オリジナルを破棄する転送装置は倫理的に問題がある？

部長の伊藤は会社の業績を考え、転送装置を導入すべきと考えているようです。

さらに別の社員が続けます。

「いくつもの空港が転送所に変わり、そのうち飛行機は飛ばなくなります。そうなれば転送装置なしでは旅行会社は続けられません」

「いや、飛行機は残りますよ。転送を嫌う方はまだまだ多いですし、そういう方は積極的に飛行機を希望され、旅行を楽しんでいらっしゃいます」

「だからといって転送装置を導入しないのは、ばかげているだろう。君の言うように、クローンを作るものだから反対、という人には飛行機を利用していただけばいい」

「そういう意味ではないのです」

意見を遮るように、山崎は語気を強めます。

「わが社の方針として、お客様のクローンを作って、オリジナルを消すような事業をするのはいかがなものかということです。ＦＡＸを考えてください。A社からB社にＦＡＸを送ったとき、A社にあるほうを原本、B社に送られたほうを複製と考えますよね？　転送装置はＦＡＸそのものです」

転送装置は倫理的に問題があるのでしょうか？

「オリジナルの自分」を決めるものはなに？

細胞は普段から入れ替わっている

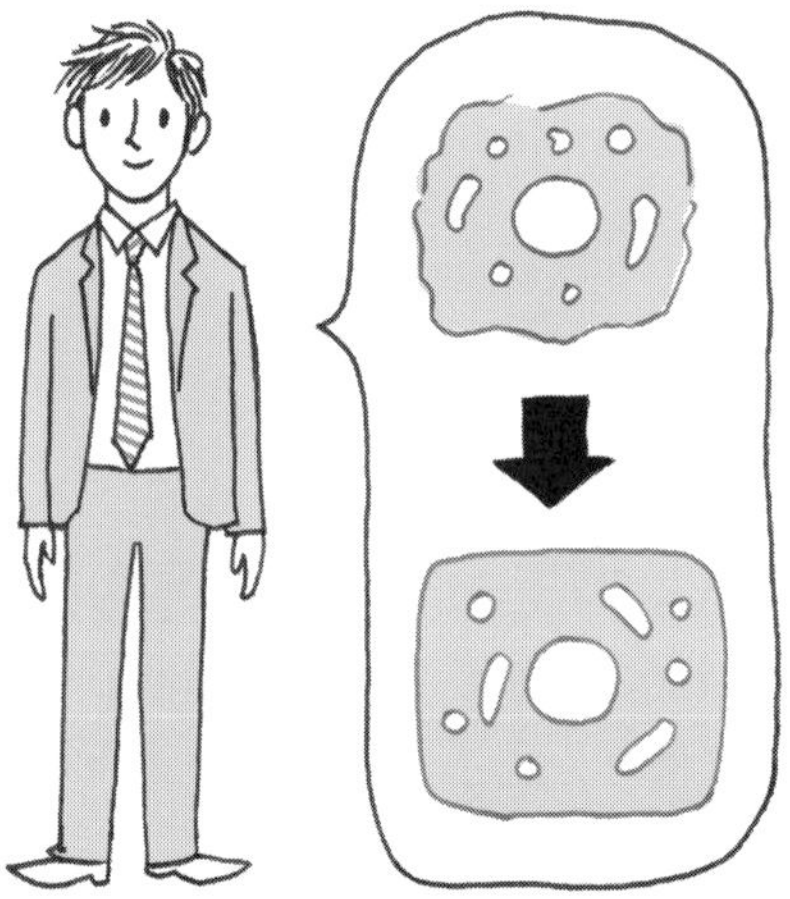

→ 転送は一瞬で起こる全細胞の新陳代謝と同じ？

記憶の連続で「今の自分」を認識している

→ 転送後の自分も認識していれば同一人物？

考え方のヒント

もし、この物語にあるような転送装置ができたとしたら、使いたいと感じますか？　おそらく多くの人は、「オリジナル」が分解されることに対する不安が残るでしょう。

では、「オリジナルの自分」とは何でしょうか？　なぜ、昨日の自分と今日の自分は同一人物と言えるのでしょうか？

私たちは、自分が昨日の自分や10分前の自分と同じである、ということを自らの記憶が連続していることで理解しています。**過去の記憶があるからこそ、今の自分が何者であるかを認識できます。**

こう考えると、転送後の自分は、転送前の自分と記憶が繋がっていますから、本人であると認識できており、同一人物だと言えるのではないでしょうか。転送前の自分は、ただ過去の自分の残像のようなものと考えても構わない気もします。

それに、考えてみると、**1年前の自分と今の自分ではずいぶん細胞の入れ替わりがあるはずです**。転送を、一瞬で起こる全細胞の新陳代謝と考えることはできないでしょうか？　元気な細胞

「心」があればオリジナル?

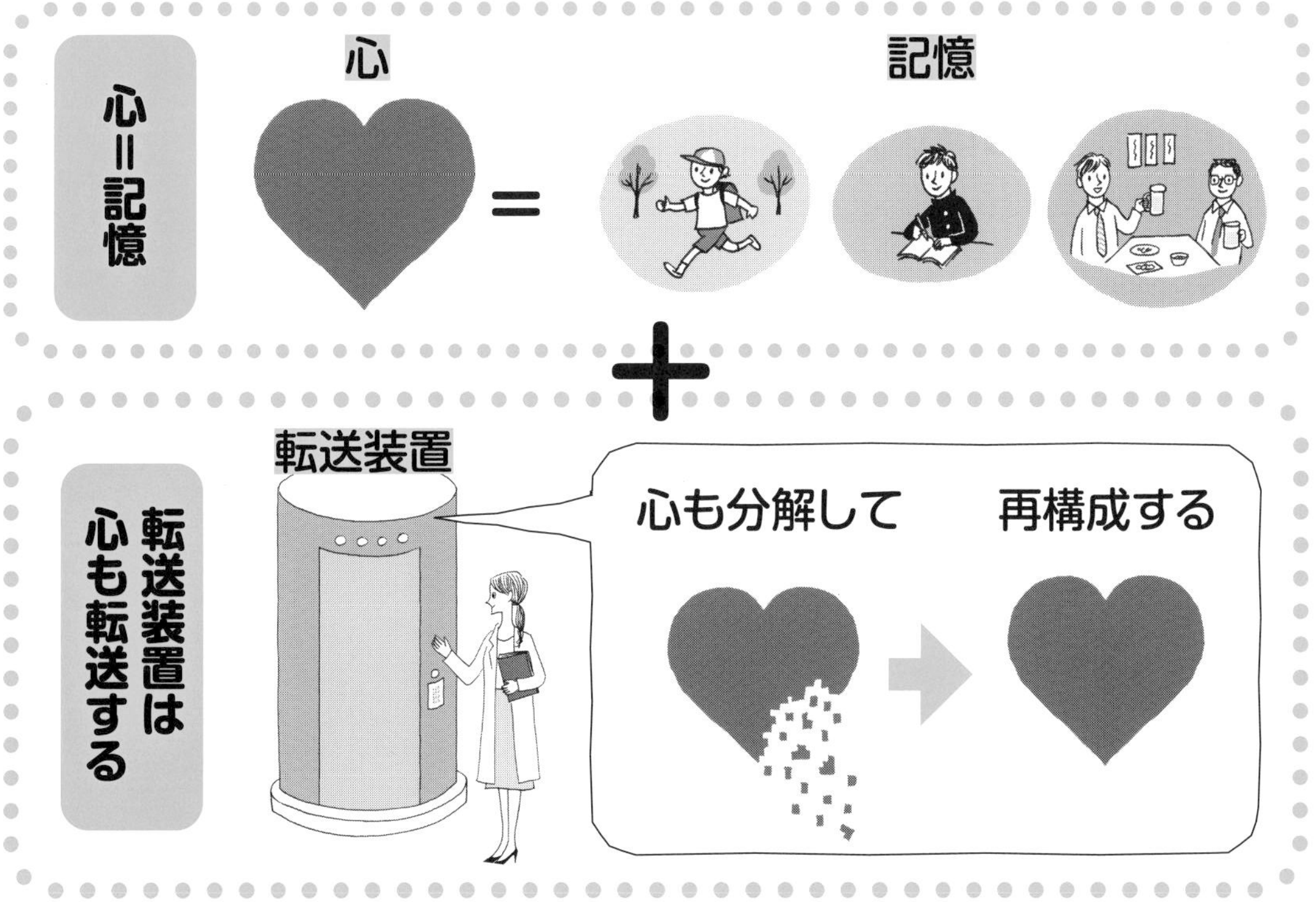
心=記憶
心
記憶
転送装置は心も転送する
転送装置
心も分解して
再構成する

「記憶」=「心」も一緒に転送されるなら問題ないのか?

に入れ替わるというわけではありませんが、元の細胞が分解され、新たな細胞に変わる点では同じです。新陳代謝以上に正確にコピーするわけですから、物質的に微塵も変化はありません。

しかし、こう考えても拭い去れない要素があります。「心の所在」です。いざ分解されるとなると「転送装置・1」の東京のヒロトのように、「自分は消される!」と、分解されることを恐れるはずです。そして、転送前の自分こそが自分であるという意識から、転送装置に抵抗を感じるのです。

一方で、転送の瞬間に行なわれる分解は、心もすべて分解します。そして、細胞レベルで全く同じ物体がその瞬間に作られますから、記憶も何もかも同じ人が出来上がります。**心が記憶とイコールとするならば、心も一緒に転送していると考えてもいいのかもしれません。**

「心と記憶がイコールなのか?」

その答えは、さらに脳の研究が進むのを待つしかなさそうです。将来、心の正体がはっきりと分かり、その上で、物語のような転送装置が普及する日が来るのかもしれません。

No.14

中国語の部屋

【思考実験メモ】

「中国語の部屋」はアメリカの哲学者であるジョン・サールが、1980年に提唱したものです。

ウィルが参加した実験

「箱」の中に入れられる紙に書かれた謎の記号に対して、対応表どおりの記号を書いて「箱」の外に出す

THE CORRESPONDENCE TABLE
IN
OUT
你好

思考実験！

ウィルは英語以外の言語は全く理解できません。漢字を見れば記号や絵のように見え、それがどんな意味を持つかは全く知りません。

ある日、友人の研究者に誘われ、ある実験を手伝うことになりました。

「この部屋に入って、指示に答えてほしい。あっちの小窓から紙が入るから、そこに書かれた文章に対して答えてほしいんだ。どう答えればいいかは全部中に書いてあるから」

「分かった。まぁ、やってみるよ」

ウィルが部屋に入ると、間もなく1枚の紙切れが部屋に入れられました。

「……なんて書いてあるんだ？　これは漢字というやつかな？　全く読めないぞ」

ウィルは友人に「どう答えればいいかは全部中

2つの側面から見た「箱」

被験者から見た「箱」
今日の天気は？
分かってる！
晴れ
ウィルから見た「箱」
今天
天气怎样？
IN
OUT
よく分からないけど
書いてあるとおり対応しよう
天气晴朗

「箱」は中国語を理解している？

に書いてある」と言われたのを思い出し、あたりを見回しました。確かに、そこにはたくさんの「対応表」があり、その中に、今回の紙切れと同じ記号（漢字）を見つけました。

「あった。これにはこう答えればいいんだな」

ウィルは丁寧に模写し、それを小窓から外に出しました。同じような行為が何度も繰り返された後、しばらくして、友人が迎えにやってきました。

「ありがとう。助かったよ」

「何をしていたのかよく分からなかったけれど、役に立てたのなら良かった」

紙に書かれていた記号のようなものは中国語で、外で紙に文字を書き、部屋に入れていたのはネイティブな中国語を話す被験者でした。そして、ウィルが書いていた返事も中国語でした。

実験の後、「部屋の中の人は、中国語を理解していましたか？」と被験者たちに尋ねると、被験者たちは迷わずこう答えました。

「ええ。正しい中国語で答えていましたよ」

「中国語を話せる人が中にいると思います」

ウィルを含むこの部屋は、中国語を本当に「理解」していたのでしょうか？

中国語の部屋はチューリング・テストの批判のために作られた

チューリング・テスト＝機械が知能を持っているかをテストするもの

・判定者は、ついたて越しにコンピューターと人間と、キーボード入力による文字情報のみでやり取りを行ない、どちらが人間かをあてる

・試験時間は1人の判定者につき5分程度

・30%以上の人を欺くことができたなら、そのコンピューターは知能を持っていると判定される

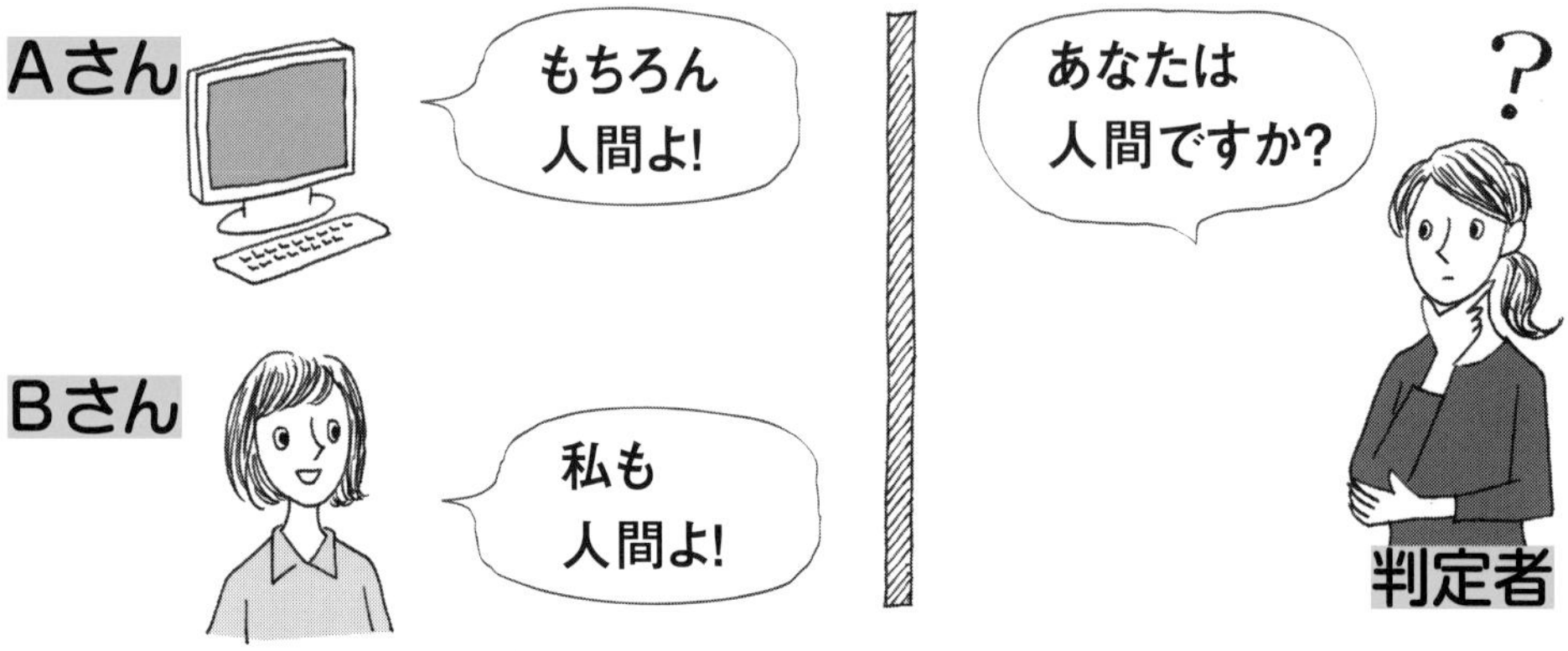
Aさん
もちろん人間よ!
Bさん
私も人間よ!
あなたは人間ですか?
判定者

考え方のヒント

真っ先に感じるのは、「ウィルはただ読めない文字を見て、それに対する読めない答えを模写していただけで、理解はしていない」というものでしょう。ウィルは実験の後、「何をしていたかよく分からなかった」と答えています。

それに対し、被験者は正しく中国語でやり取りをしたと信じています。

では、この中国語の部屋の外から、この部屋が中国語を理解していないと証明することはできるでしょうか？　できないとしたら、ウィルを含むこの部屋は中国語を理解していると考えるしかないのではないでしょうか？

この「中国語の部屋」という思考実験は、アメリカの哲学者、ジョン・サールが1980年に提唱しました。この思考実験は、チューリング・テストの批判のために作られたものです。

チューリング・テストとは、コンピューターが知能を持っているかを判定するテストです。やり方は上図のようなものです。

チューリング・テストでコンピューターが知能を持っているか分かるか?

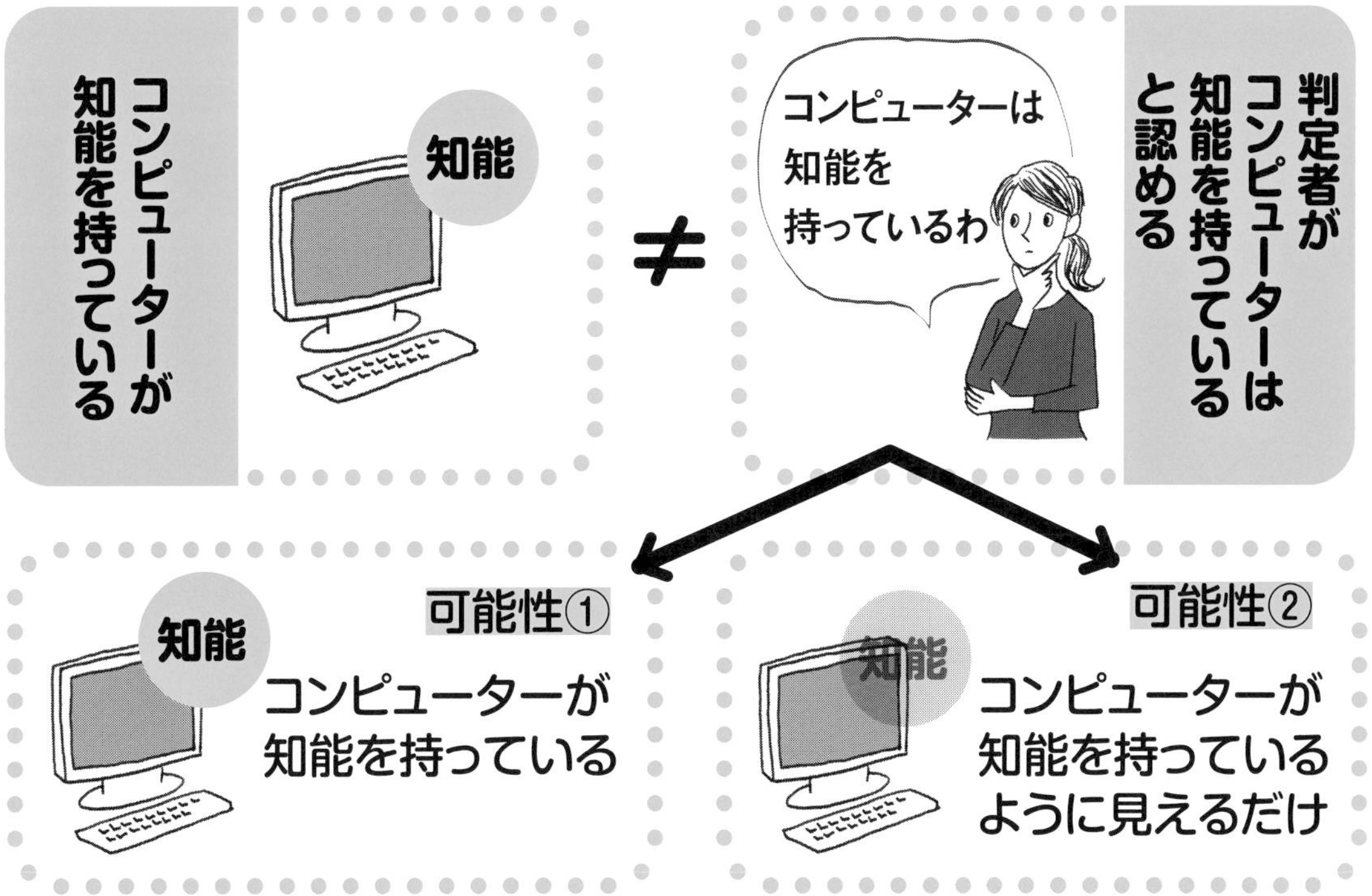
コンピューターが知能を持っている
知能
≠
コンピューターは知能を持っているわ
判定者がコンピューターは知能を持っていると認める
可能性①
知能
コンピューターが知能を持っている
可能性②
知能
コンピューターが知能を持っているように見えるだけ

チューリング・テストではコンピューターの知能の有無は分からない?

２０１４年、初めてチューリング・テストに合格するコンピューターが現れました。しかし、このテストで合格したからといって、本当に知能を持っていると言えるのでしょうか？　５分なら持ちこたえても、1時間テストを続けたらきっと判定者はBさんが人間だと見抜くでしょう。

もし、それでも見抜けなかったとしたら、今度こそ知能を持っていると言えるでしょうか？

これにも疑問が残ります。そもそも、**「コンピューターAが知能を持っている」ことと、「判定者がコンピューターAは知能を持っていると認める」ことは同じではありません。**苦手な相手に対しても笑顔でいる人に対して、「自分に好意を持っている」と確信したとしても、「本当に好意を持っている」ことにはならないのと似ています。チューリング・テストはこの点で不完全なテストであると考えられるのです。

そこで、「チューリング・テストでは、コンピューターが知能を持っているかどうか分からない」と反論したのが、ジョン・サールの「中国語の部屋」です。ウィルと部屋は、チューリング・テストのコンピューターを表しています。そし

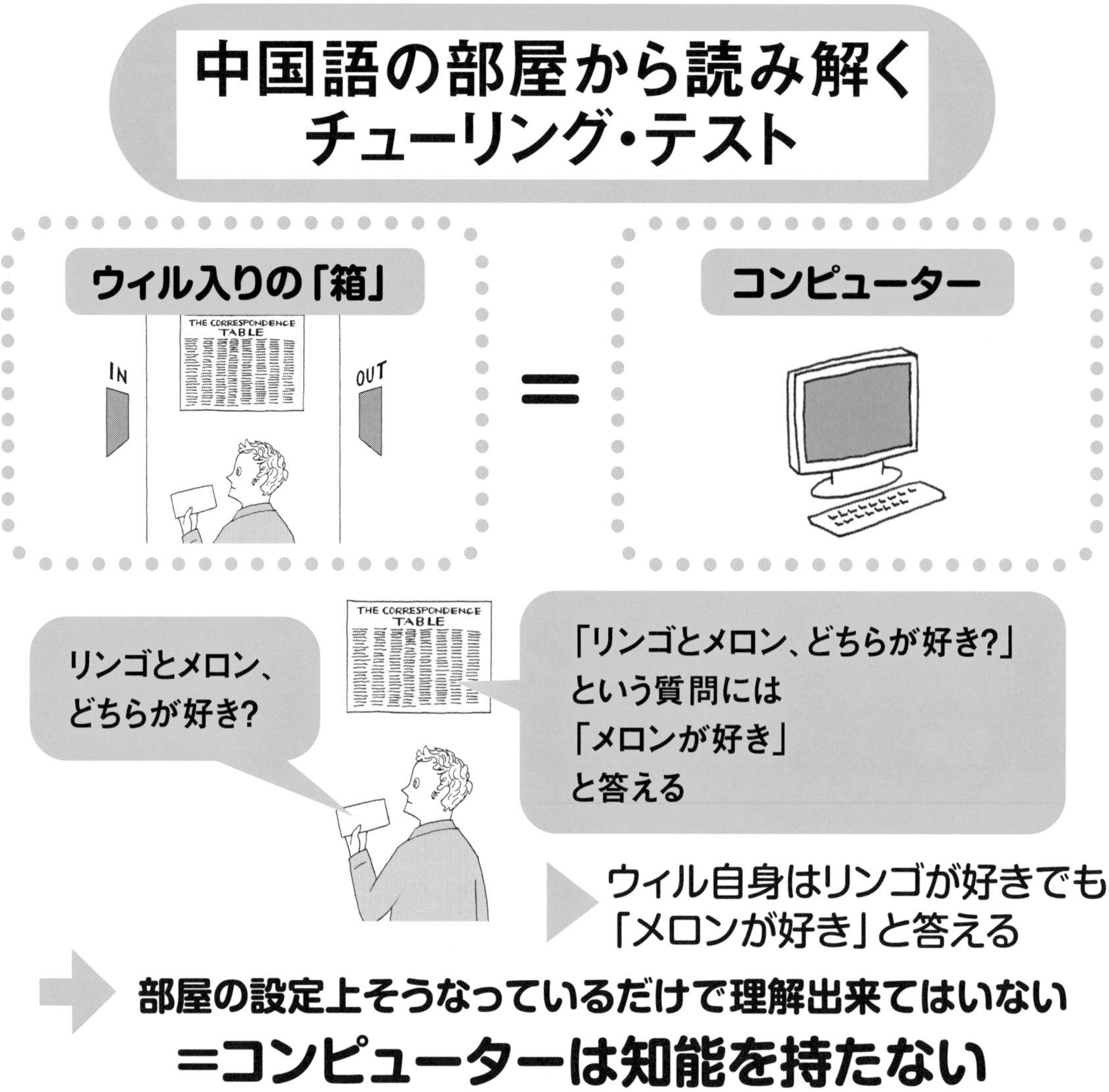
中国語の部屋から読み解く
チューリング・テスト
ウィル入りの「箱」
THE CORRESPONDENCE TABLE
IN
OUT
=
コンピューター
THE CORRESPONDENCE TABLE
リンゴとメロン、どちらが好き?
「リンゴとメロン、どちらが好き?」という質問には「メロンが好き」と答える
ウィル自身はリンゴが好きでも「メロンが好き」と答える
部屋の設定上そうなっているだけで理解出来てはいない
=コンピューターは知能を持たない

て、被験者全員に「この中の人は中国語を理解している」と言わせるほど高性能です。

それでも、「ウィルは中国語を理解しているとは言えない」と感じると思います。先ほどと同様、「この部屋が中国語を理解している」ことと、「訪問者がこの部屋は中国語を理解していると認める」ことは同じではありません。

ジョン・サールは、結局コンピューターはこの中国語の部屋と同じで、本当の意味で中国語を理解することはできない、つまりは知能を持つことはできないとしました。

中国語の部屋は本当に中国語を理解していないのか？　この思考実験は、さらに深く考えると奇妙な思考が始まります。ジョン・サールが意図した方向とは別の方向に向かっていくのです。

ジョン・サールの考えでは中国語の部屋全体がコンピューターで、ウィルが中国語を理解していないという事実が、コンピューターが知能を持たないことを表しているとしました。

確かに、ウィルは中国語を理解しているとは言えないでしょう。しかし、**「中国語の部屋」とい**

「中国語の部屋」全体で考えると……

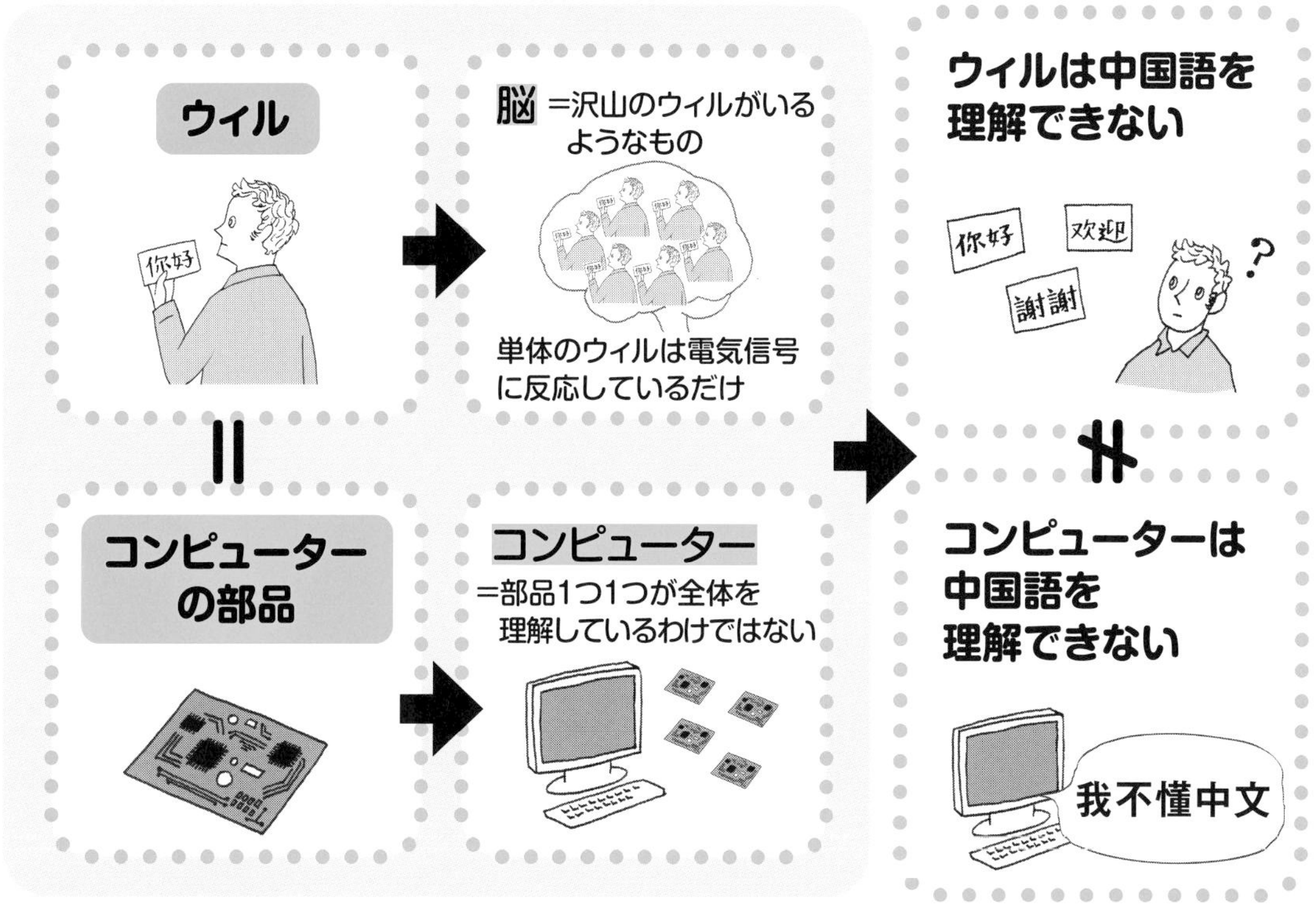
ウィル
你好
脳 =沢山のウィルがいるようなもの
単体のウィルは電気信号に反応しているだけ
ウィルは中国語を理解できない
你好
欢迎
謝謝
?
コンピューターの部品
コンピューター
=部品1つ1つが全体を理解しているわけではない
コンピューターは中国語を理解できない
我不懂中文

「私たちの脳」と「中国語の部屋」は同じ？

う部屋全体ではどうでしょうか？

ウィルはコンピューターの部品の1つと考えられます。工場の流れ作業の1つを、全体を理解しなくても難なくこなせるのと同じように、コンピューターの部品がコンピューター全体を理解している必要はありません。つまり、ウィルが中国語を理解しているかしていないかは、コンピューター全体が中国語を理解していることと何ら関係はないと考えられます。

ここで、中国語の部屋を私たちの脳に置き換えて考えてみます。

私たちの脳の中にはたくさんのウィルがいます。自分が何をしているかはよく分からないけれど、特定の刺激に対して特定の反応をする脳の神経細胞たちです。脳の中では電気信号が常にやり取りされていますが、それを神経細胞の1つ1つが理解しているはずはありません。それでも、「私」全体で考えれば心があり、物事をしっかりと理解していると捉えられます。

こう考えると、**私たちの脳も、中国語の部屋と変わりないのでしょうか。人工知能と、私たちの知能は、どこに差があるのでしょうか。**

機械と心

シゲルと暮らすライラック

記憶力がいい
疑問を持つ
感情があるように見える
人間と見分けがつかないくらい自然な会話ができる
空が飛べる

ライラックは人を超えた人工知能

思考実験！

ここからさらに、コンピューターが知能を持てるのかという問題を掘り下げていくために、次の思考実験に進みたいと思います。

※

「ねぇ、シゲル、なぜあなたはすぐに忘れ物をするの？」

「ライラック、俺は忘れん坊かい？」

忘れ物の乗車カードを取りに自宅に戻ると、シゲルはすぐに部屋の中を探し始めました。

「昨日、酔っ払って食器棚に入れたじゃない」

「えっ!? あ、あった。ありがとう、ライラック」

「さあ、急ぎましょう」

【思考実験メモ】

「機械は心を持っているか」と聞かれれば、現時点では「ない」と答える人が大多数でしょう。しかし、人を超えた人工知能が現れたらどうなるでしょうか。「機械と心」は、現在、広く議論されているテーマです。

人を超えた人工知能は心を持つのか？

ライラックの主張

私は私

私はシゲルの持ち物ではない

シゲルの主張

ライラックは人ではない

ライラックは僕の持ち物

ライラックは心がある？

シゲルとライラックは、駅に向かって進み始めました。

「ねぇ、シゲル、なぜあなたは空を飛べないの？」

「僕には羽がないからだよ。君の体は鳥のようだから飛べるんだよね」

駅に着くと、シゲルは乗車カードをかざしてゲートを通りました。

「ねぇ、シゲル、なぜあなたは料金を払うのに、私はタダでいいの？」

「君は人ではないからね。俺の持ち物だから」

「それはひどいわ。私は私なのだし、あなたの家族ではあっても、あなたの持ち物ではないわ」

少し怒っているようにも見えるライラックの様子に、「あれ、去年はこんなこと言わなかったんだけどなぁ……」と、シゲルは首を傾げました。

「ああ、ごめん。君はその……小型のロボットだから、僕のカバンに入ってくれればタダなんだよ。そういうルールなんだ」

ライラックは“心”を持っているのでしょうか？　また、シゲルの所有物といっていいのでしょうか？

「心」のあるなしの境目は?

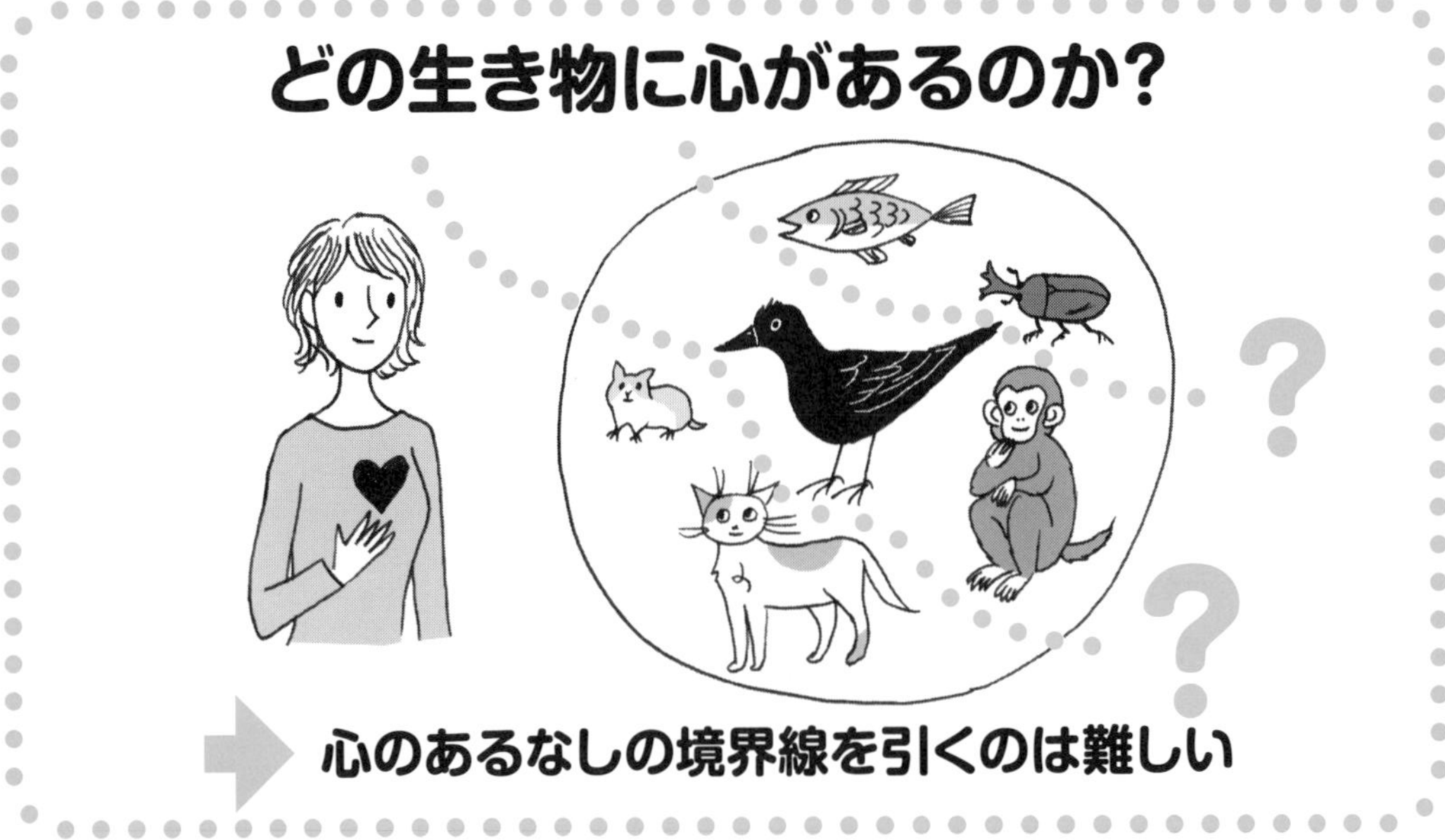
どの生き物に心があるのか?
心のあるなしの境界線を引くのは難しい

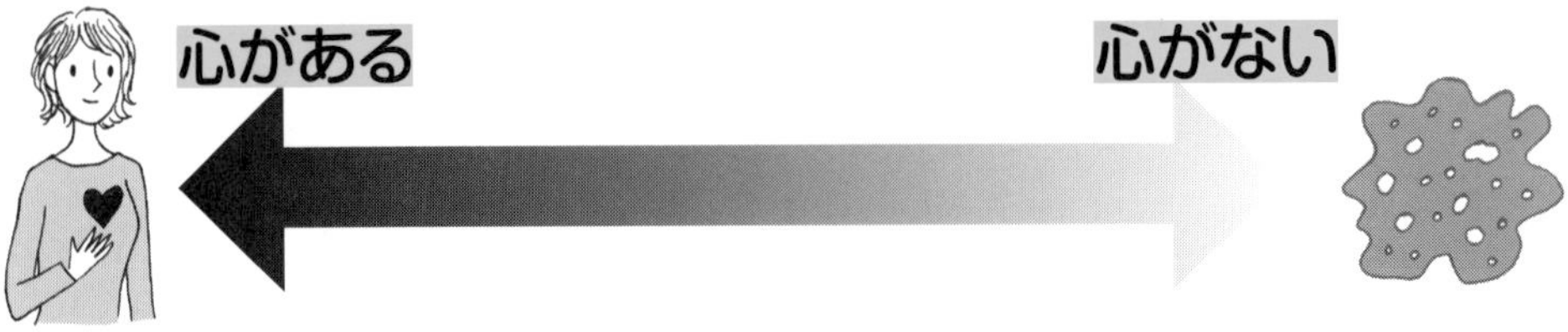
心がある
心がない

心のあるなしはグラデーションのようなもの

考え方のヒント

微生物は心を持っているでしょうか？　では、昆虫は？　魚などの海の生物は？　ハムスターのような小動物はどうでしょう？　犬や猫は？

こうして列挙すると、**心のあるなしの境界線を引くのは難しい**と感じていただけたと思います。

さらに難しい問題があります。心とは何でしょうか？　意識とは何でしょうか？

野生の動物が天敵から身を守るために隠れたとしたら、「心」や「意識」が働いたからでしょうか？　それとも機械のような「応答」でしょうか？

これを正確に説明するのは、難しいでしょう。

人工知能は、人とは違う形で心や意識を持ち、人工知能としての常識に従い、人工知能らしく振舞い、人と接していくのかもしれません。

「きれいな花だね。ライラック」

「そう？　私はもっと読み取りやすい形や色のほうが好きだわ」

このように、人工知能は、自分とはちょっとず

「心」とは何か?

「心」・「意識」と「応答」の違いは?

例:猿はバナナが好き

「おいしいから食べたい」と望むから?
＝心・意識

バナナが生存率を高めると覚えているから?
＝応答

何が「心」で何が「応答」かを判断するのは難しい

人の心
＝記憶から作られる

人工知能の心
＝データから作られる?

人工知能は人工知能ならではの「心」を持つかもしれない

れた価値観を持った存在として会話できるようになるのかもしれません。この会話でも、ライラックの「好き」と、シゲルの「好き」は同じ「好き」ではないように感じられます。

人が記憶から心を作っていくように、人工知能はデータから人工知能としての心を作っていくと考えれば、人とは異なっても心と呼べるものにはなるのでしょう。

私たちは生い茂る木々を見て、清々しいと感じたり、フレッシュな気分になったり、人それぞれの主観的な感情を抱きます。これは人に説明することが難しく、今も、「『清々しい感じ』というのは多分あんな感じのことを言いたいのだろうな」「『フレッシュな気分』か……ちょっと分かりにくいな」などと想像していただいたかと思います。

こういった主観的な感情は、そもそも人工知能が学ぶ必要のないものかもしれませんし、学べないものかもしれません。ただ、人工知能としての、人工知能特有の「主観」を持ち、それが「好き」とか「清々しい」と言葉で表現されていくのかもしれません。この**主観的な感情は「クオリア」と呼ばれています**。

No.16

哲学的ゾンビ

クオリアとはなにか

同じりんごを見て、同じように「おいしそうな赤い色」と感じても、AさんとBさんの「おいしそうな赤い色」は異なる色である可能性がある

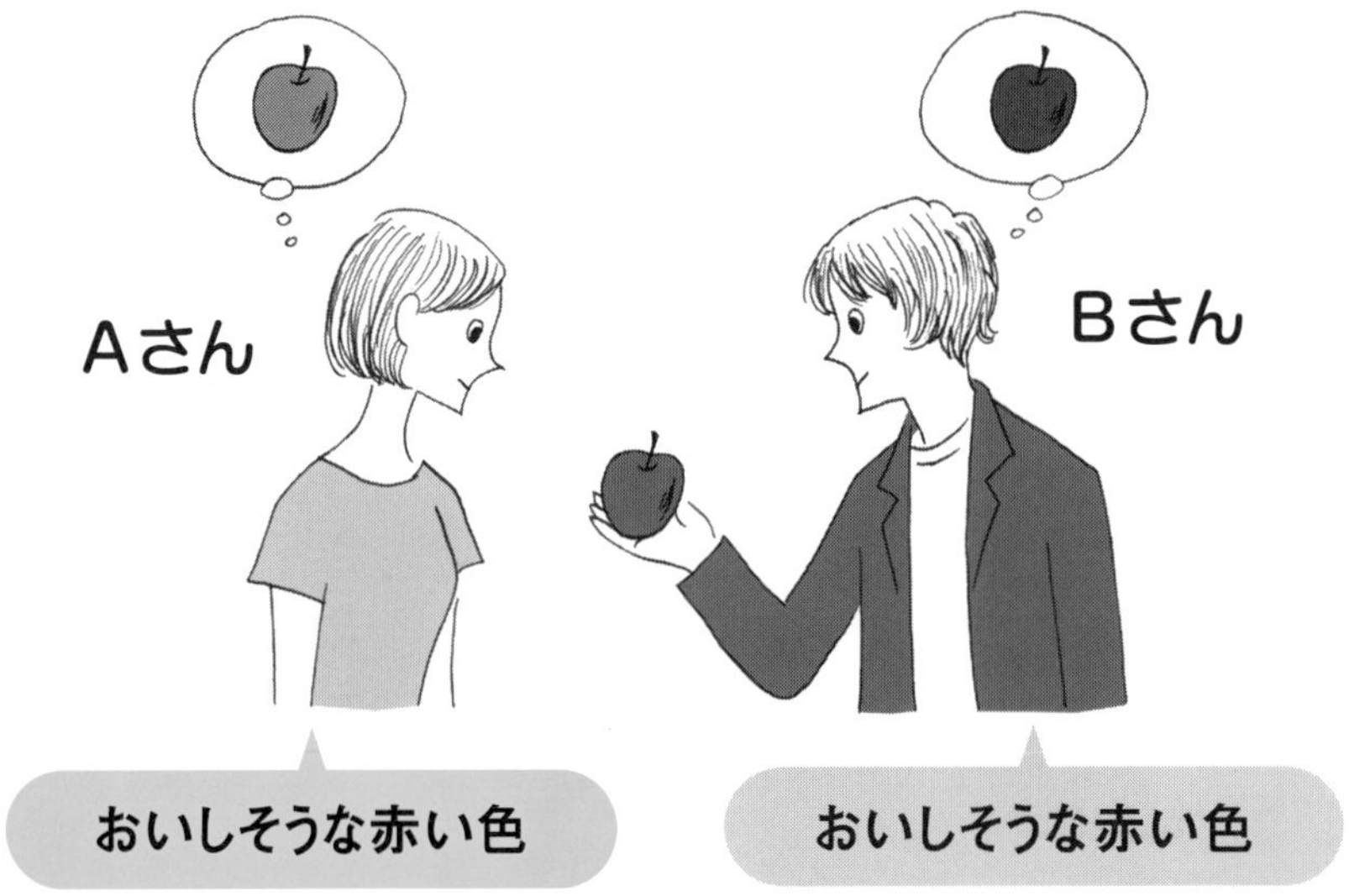

この時の個々の"「おいしそうな赤い色」と感じること"が「クオリア」

クオリア=主観的な感覚

【思考実験メモ】

「哲学的ゾンビ」は、デイヴィッド・チャーマーズが1990年代にクオリアの説明に用いた概念で、本書の思考実験はそれを基にしています。

思考実験!

「クオリア」を持つ意味を考えてみましょう。

※

高校2年生の君島エイタは、衝撃的な事実を知ります。哲学的ゾンビという存在が、世の中には存在するらしいのです。ただ、エイタがよく知るホラー映画に出てくるようなゾンビではなく、内面的な経験（クオリア）がないらしく、主観的な体験や意識を持っていないと説明されていました。

「クオリアってよく分からないけれど、綺麗なものを見ても綺麗だな〜って感じないってことかな？　誰がそれなんだろう。でも、この世界に存在しているなんて怖いなぁ」

リサはクオリアがない哲学的ゾンビ

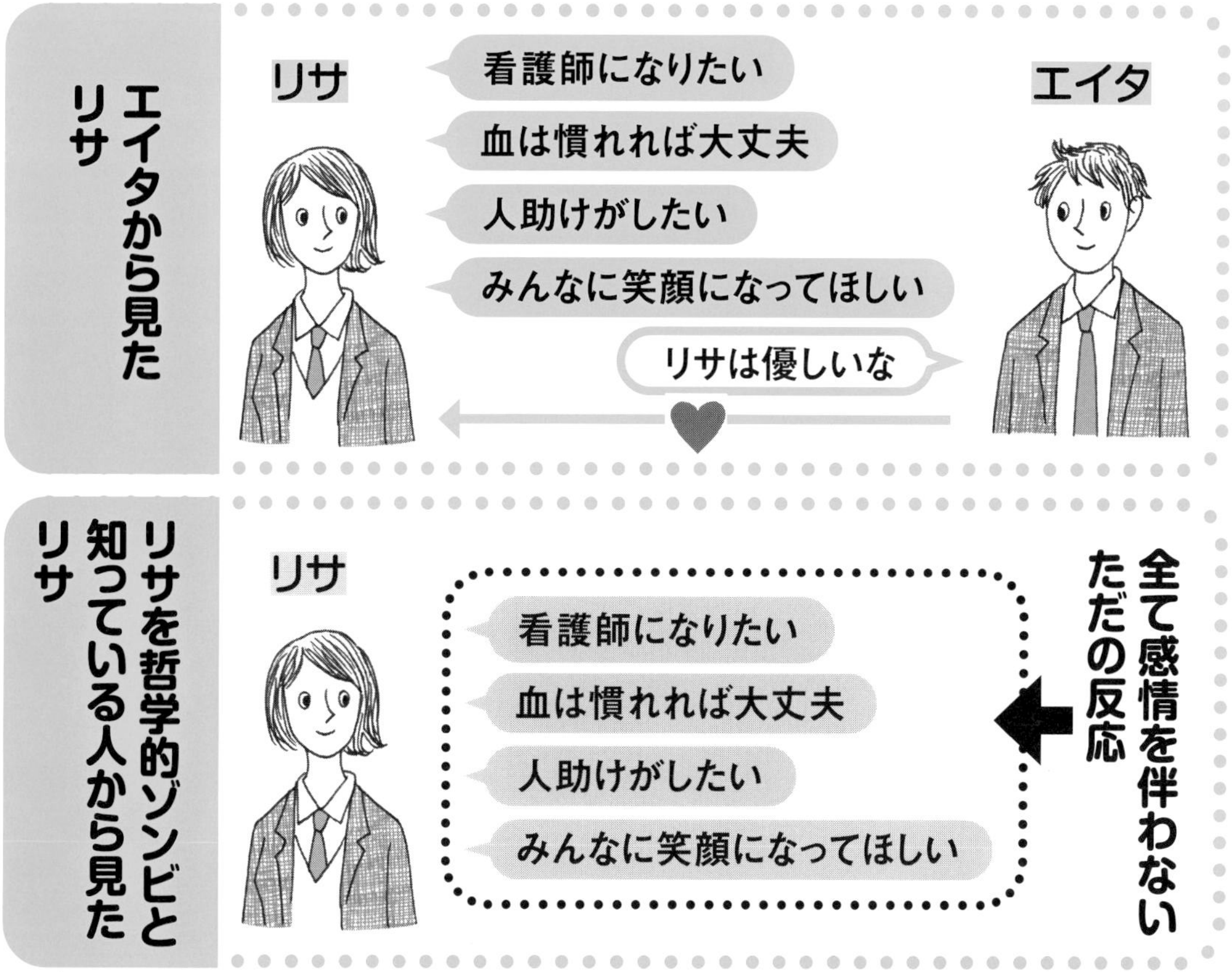
エイタから見たリサ
リサ
看護師になりたい
血は慣れれば大丈夫
人助けがしたい
みんなに笑顔になってほしい
エイタ
リサは優しいな
リサを哲学的ゾンビと知っている人から見たリサ
リサ
看護師になりたい
血は慣れれば大丈夫
人助けがしたい
みんなに笑顔になってほしい
全て感情を伴わないただの反応

エイタがリサが哲学的ゾンビであると知ったらどうなる？

エイタには、いつも学校で一緒に行動する3人の友人がいます。賢いスグルと、人の心に敏感なマドカと、明るく元気なリサです。エイタはリサに恋心がありますが、なかなか言い出せずにいるようです。

翌日、教室に入ると、リサが話しかけてきました。

「将来の夢とか決まったの？　マドカはカウンセラーになりたいんだって。向いてそうよね。スグルは学者だってさ。エイタは？」

「いやー、まだ何にも。リサは？」

「看護師かな。今のところはね」

「ふーん。血が怖いって言ってなかったっけ？」

「大丈夫よ、慣れればきっと。人助けがしたいの。みんなに笑顔になってほしいのよ」

「優しいなあ。あ、僕、医者になろうか！」

「今の学力じゃあ……相当頑張らないと」

リサはエイタを見て笑っています。

実はリサは哲学的ゾンビです。反応は人と同じなので、全く気づかれずそこにいます。**リサが哲学的ゾンビと分かったことで、何が変わるのでしょうか？**

クオリアを持たない哲学的ゾンビとクオリアをもつ人間の違い

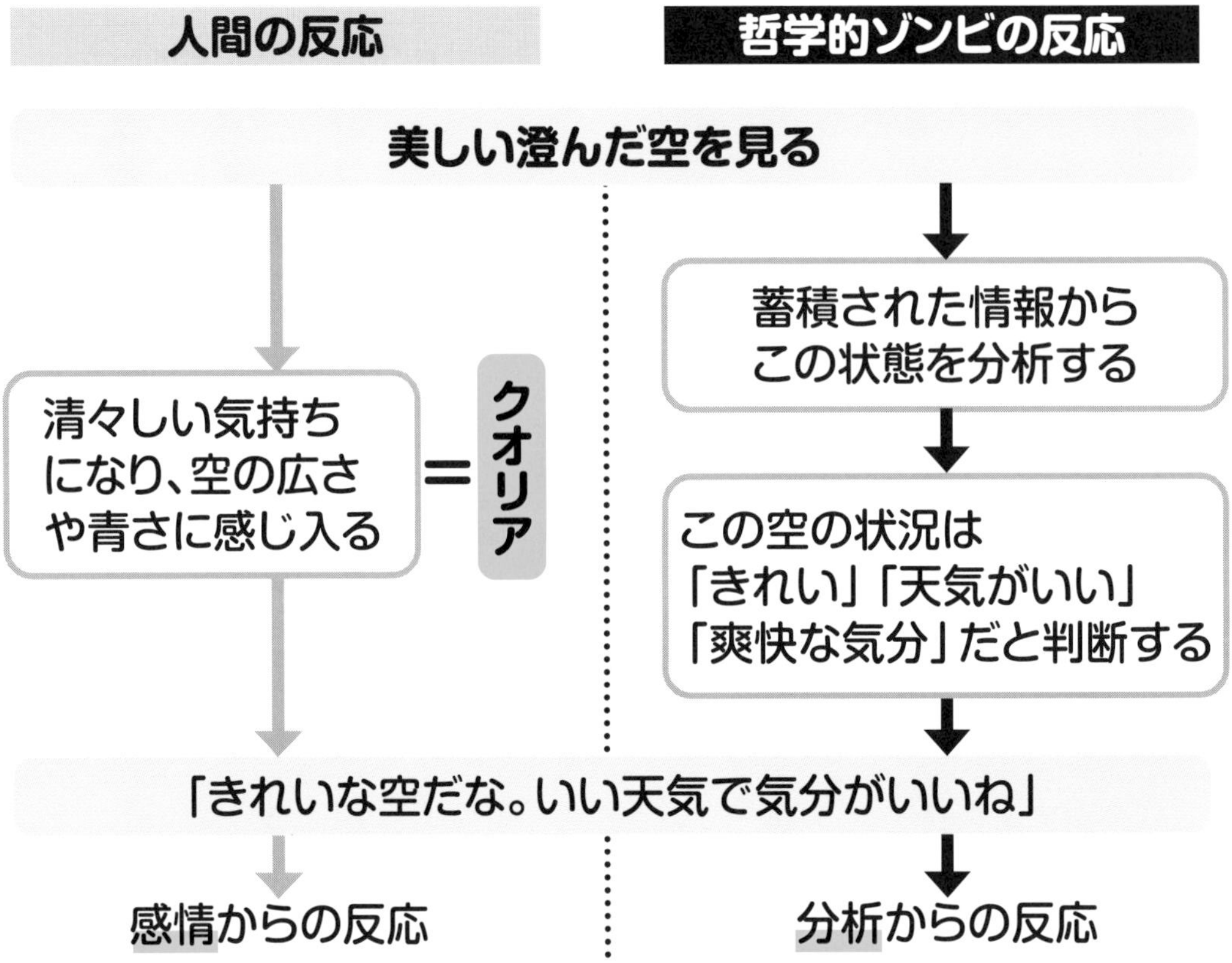
人間の反応
哲学的ゾンビの反応
美しい澄んだ空を見る
清々しい気持ちになり、空の広さや青さに感じ入る
＝
クオリア
蓄積された情報からこの状態を分析する
この空の状況は「きれい」「天気がいい」「爽快な気分」だと判断する
「きれいな空だな。いい天気で気分がいいね」
感情からの反応
分析からの反応

考え方のヒント

哲学的ゾンビとは、外見は全く人と区別がつかず、解剖しても全く人と同じにもかかわらず、**クオリアという主観的な体験や意識を持たない生物のこと**です。

たとえば、カツ丼を食べて「これ、おいしいな！」と発言したとしても、脳がおいしいと感じているのではなく、機械的に「おいしい」という反応を示しているにすぎません。

物語のリサも、エイタの言葉に対して人と変わらない反応をしています。血が怖いとか、みんなの笑顔が見たいという言葉を発しますが、主観的な感覚は皆無です。そう感じているのではなく、そう反応しているにすぎません。それでもクラスに溶け込み、仲良く過ごしているように見えます。

こうなると、クオリアとは全くなくてもいいものなのでしょうか？ 私（著者）が明日から哲学的ゾンビになったところで、誰もそれに気がつかないのですから社会に全く影響を与えることはありません。世界中の人が哲学的ゾンビになっても今と何も変わらないのです。

選択！ 人生相談をするならどちら？

友人A
（人間）
友人B
（哲学的ゾンビ）

※どちらも親身になって相談にのってくれる
※知らなければどちらが哲学的ゾンビか分からない

多数派
友人A
（人間）
少数派
友人B
（哲学的ゾンビ）

共感してくれるので
「自分ばかり悩んでいるのか」と
一方通行に感じることはない

どんなに親身になって相談に
乗ってくれても、
共感してくれるわけではない

クオリアを持たない相手には虚しさを感じる

しかし、誰かが哲学的ゾンビであることをあなたが知ったとしたら、影響がないとは言えなくなります。たとえば、私が哲学的ゾンビであるとしたら、この本の持つ価値は全く違うものになり、内容そのものよりも人が書いたものと比べてどこに違いがあるのかという見方をされるはずです。

もし、リサが哲学的ゾンビだと知ったとしたら、エイタは同じ付き合いをできるでしょうか。きっと、リサの心に空白を感じ、「反応はしてくれるけれど、分かってくれているわけではないんだ」と寂しさを感じ、以前のような「友情」を育むことは難しいかもしれません。

物語のリサは、1人の女性として振舞っており、人格も趣味も好き嫌いも人のそれと同じように存在し、エイタたちにも疑うことのないレベルで感じとれています。それでも、**クオリアがないという事実は、人との徹底的な違い**でしょう。

はたしてリサは、人と呼べるのでしょうか？　それとも、「機械と心」のライラックのほうが人に近いのでしょうか？　人工知能が完璧な人を作り上げたとしたら、それは哲学的ゾンビなのかも知れません。

第4章

常識を疑う思考実験

現在は令和の時代です。それは当たり前のことで、紛れもない事実ですね。しかし、それは本当でしょうか？　疑うことは全くできないのでしょうか。こんなふうに「当たり前の事実」と思われている常識を疑ってみる章です。

バカバカしいと思えるかもしれませんし、ファンタジーと思えるかもしれませんが、常識を疑うことから驚くような考えが生まれ、思考の幅が広がることを感じられるのは楽しいものです。

たとえば、もし、『今の世界が「長い夢」であり、本当は全く見知らぬ星で生活する宇宙人である』ということを完全に否定しろといわれても、「だってこうして私は今ここで生きている」としかいえないでしょう。

『宇宙人の約１００年の冬眠』である可能性を完全にゼロであると説明できるでしょうか。まず誰も信じないほど突飛な『１００年の冬眠説』を完全に否定することでさえなかなか難しい作業です。

私たちの「常識」は、実は簡単に疑えるものも多いのです。

常識を疑うことはビジネスの世界では非常に大切なスキルの１つです。「冷蔵庫は物を冷やす道具である」という常識も、場所が変われば「極寒の地でも暖かさを保てる道具である」という常識に変わります。

当たり前を本気で疑ってみた時、自分が何を考えるのか、思考の旅を楽しんでいただければと思います。

No.17

洞窟の比喩

洞窟の外を知らない囚人たち

生まれてから一度も洞窟の外を見たことがない

洞窟の壁に映される影絵だけが囚人たちの世界のすべて

【思考実験メモ】

洞窟の比喩は、哲学者プラトン（紀元前5〜4世紀頃）が、イデア論を説明するための比喩として考えた話です（『国家』7巻）。

思考実験！

洞窟の奥に囚人たちが手足と首を縛られ存在しています。彼らは生まれてからずっとこの状態で、外を見たこともありません。囚人たちは洞窟の奥を向いた状態で、壁を見ています。

洞窟の入り口には炎があり、その光で洞窟全体が照らされています。囚人たちと炎の間には道があり、その道に沿って低い壁があります。ちょうどしゃがめば人が隠れるくらいの高さです。

この壁の向こう側に人がいて、いろんなものをかたどった様々な紙や板を壁の高さより上に出します。すると炎に照らされて、囚人たちの目の前の壁に影が映ります。例えば、犬をかたどった紙を出すときは、同時に用意してあった本物の犬の鳴き声を響かせます。音は洞窟内に反響し、一番奥、つまり囚人たちの目の前の壁から聞こえて

洞窟を出た囚人は中に残った囚人に外の世界を知らせようとするが…

外に出た囚人

洞窟の外は素晴らしい世界だった!
外に出よう!

残った囚人

ははは、どうしたんだ?
気がどうかしてしまったのか?
『素晴らしい世界が広がっている』って、
夢でも見ているんじゃないのか?

残った囚人

もしかしたらこいつ、
俺たちを騙そうとしているんじゃないのか?

→「真実を告げられても、それを信じられない」は本当?

いるように感じます。囚人たちにとっては目の前にある影絵が世界のすべてです。**「本当は実体があって、自分たちが見ているのはその影なのでは?」なんて想像することもありません。**

ある日、1人の囚人が洞窟の外に引っ張り出されました。太陽の光に照らされた世界は眩しすぎて何も見えません。囚人は苦しみました。しかし、徐々にその光に慣れると、本当の世界を知ります。そして、今も洞窟の中にいる囚人を哀れみ、今度は彼らを外に出そうとします。

「お前たち、洞窟の外には素晴らしい世界が広がっていたぞ！ さあ、外に出ようじゃないか」

他の囚人たちに外に出ることを提案しますが、囚人たちの反応は想像とは違うものでした。

「気がどうかしてしまったのか?」

「もしかしたらこいつ、俺たちを騙そうとしているんじゃないのか?」

この話から分かるように、私たちはイデア（本質）を知らないのです。そして、真実がそこにあると伝えられても、**目の前の世界こそがすべてだという先入観から抜け出せないのです。**

本当にそうでしょうか? 私たちは囚人なのでしょうか。

プラトンが洞窟の比喩で例えたもの

洞窟の中の囚人たち

＝ 私たち人間

洞窟の外に出た囚人

＝ プラトンの師であり、裁判で処刑されてしまった哲学者ソクラテス

影絵

＝ 私たちが見ているもの

外の世界

＝ イデア（本質）

考え方のヒント

この思考実験を考えた哲学者プラトンは、洞窟の中にいる囚人は私たち人間を表し、私たちが見ているのは炎によってもたらされた影絵の世界にすぎないとしました。

そして、彼の師であるソクラテスのような賢者が洞窟の外に出ることに成功し、私たちを引っ張り出そうとします。しかし、ソクラテスはそのさなかに処刑されます。それほどこの洞窟から外に出るのには強い抵抗があり、イデアの存在に気づかせようとする賢者は自分たちを苦しめる存在であったということでしょう。

洞窟の比喩は、現代社会の至る所で感じられる比喩としても有名です。

例えば、学校での、「いじめ」。学生にとっては学校での日々が当たり前の生活であり、「いじめ」は身近な問題です。しかし、すでに卒業している人から見ると、なんと閉鎖的な、特殊な社会を形成しているのだろうと感じるでしょう。

いじめによる自殺に対し、大人たちはよく「学校から逃げて」などと言います。しかし、当の本

人はなかなか外に出られない

例:「学校」の中にいると学校が世界の全てになってしまう

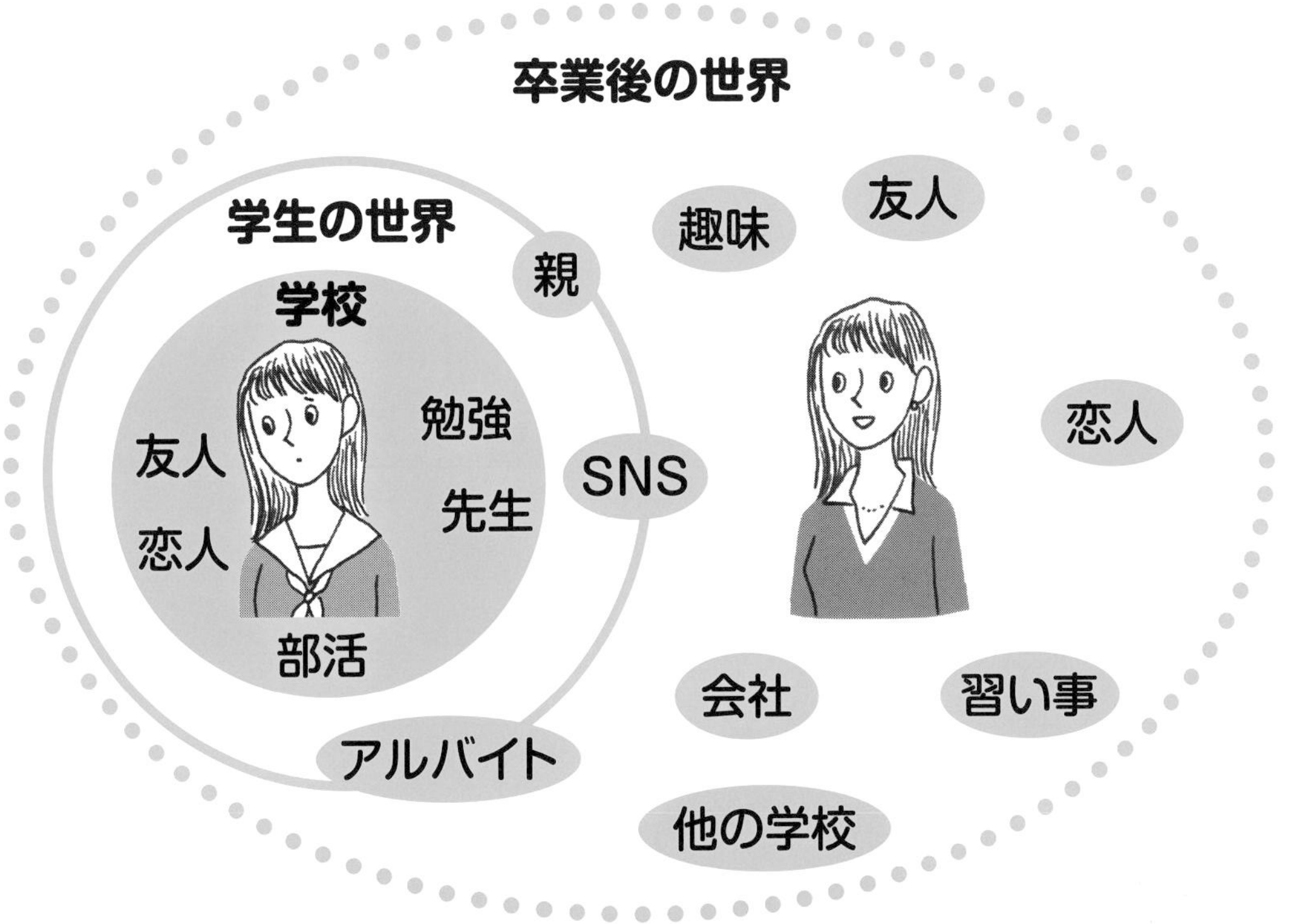

自分のいる世界を疑うことが大切

人は、外の世界を見る余裕などなく、ただ、今の学校という洞窟の中で戦うことしか考えられません。洞窟から外に出ればなんてこともないことでも、**本人にとっては今いる洞窟の中がすべてで、そこから引っ張り出すのは容易ではない**のです。

映画やアニメの主人公はよく、当たり前の日常から一歩外に出て、「冒険」を始めます。周りの人々は、そんな勇敢な若者の勇気を称えますが、「それならば私も」とはなりません。人は現状を続けるほうが楽ですし、危険な目にも遭わず安全に暮らしていられますから、いつまでも洞窟の中にいてしまうものです。

日常生活にも洞窟に映る影は私たちに多くの影響を与えています。日々のメディアから流れる情報は、伝える側の色が付けられています。洞窟の囚人と違い、私たちは疑うことができている、とも考えられますが、疑う段階にとどまっていたり、時にとんでもない情報を信じてしまったりと、なかなか真実にはたどり着けていないかもしれません。それでも毎日、与えられる影絵の世界に興味津々です。**いかに疑うことが大切か、考えさせられますね。**

No.18

水槽の中の脳

水槽に浮かぶ人々の脳

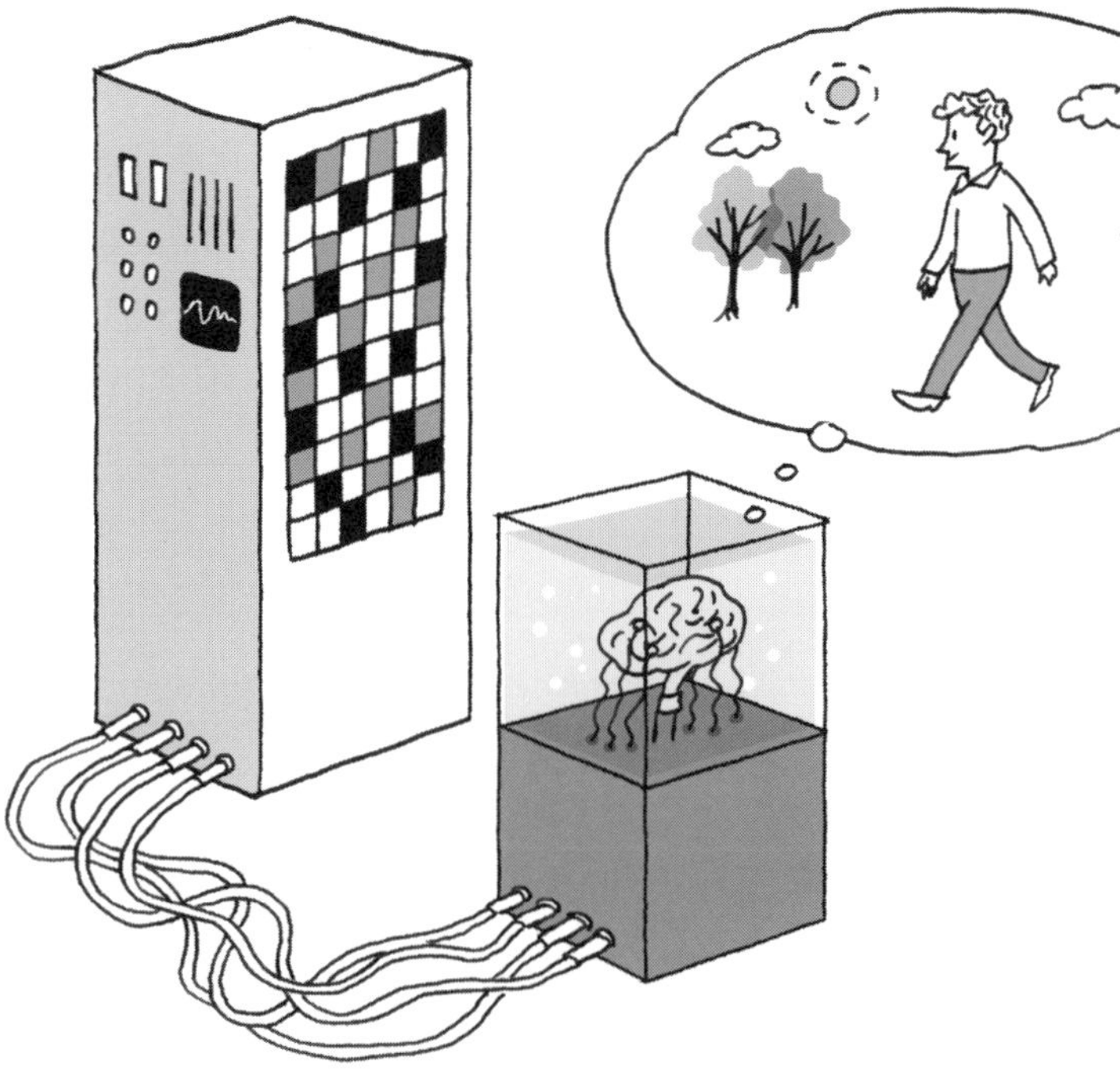

コンピューターに仮想現実を見せられていることに気がついていない……

【思考実験メモ】

この世は仮想現実なのではないか？　という考えは、デカルトやカントといった有名な哲学者の思考にもありました。1982年、それを「水槽の中の脳」という1つの形にしたのはアメリカの哲学者ヒラリー・パトナムです。

思考実験！

ある研究室に、ずらりと水槽が並べられています。水槽の中には脳が浮かんでいて、脳にはたくさんの電極が取り付けられ、コンピューターに繋がれています。

「うまくいっているか？」

「ええ。大丈夫なようです。脳はしっかりと自分の世界を認識して信じています。まさかAさんは自分の脳が水槽の中で浮かんでいるだけだとは思っていないはずですよ」

今、Aさんの脳は水槽の中に浮かんでいます。Aさんは、「ああ、今日は風が心地いいなぁ。とても暖かいし、散歩が楽しい。そうだ、明日は日曜日だから、公園で絵でも描こうかな」と、自ら

選択！ 私たちの脳は今……

A 水槽の中にいて仮想現実で本を読んでいる

B 実在する人間の頭に収まっていて本を読んでいる

の脳が水槽に浮かんでいて、コンピューターが作った「仮想現実」の世界を見せられているとは夢にも思わず、自分の世界を生きています。

彼らの「人生」は、すべてコンピューターで制御されており、科学者たちによって管理されています。

その「人生」は、困難もあれば楽しいこともあり、時には大きな挑戦をしたり、目標を達成できたり、「人生」を左右する決断があることもあります。

そうです。これは、私たちの人生そのものです。もしかすると、私たちの人生は、科学者に管理された「人生」かもしれないのです。

私たちの脳が水槽の中にはないという証拠がどこにあるでしょうか？

もしかすると、私たちの脳は今、水槽の中にあるのでしょうか？

脳が水槽で管理されるとしたら

水槽の中の脳が見ている世界は全て電気刺激で作られたもの

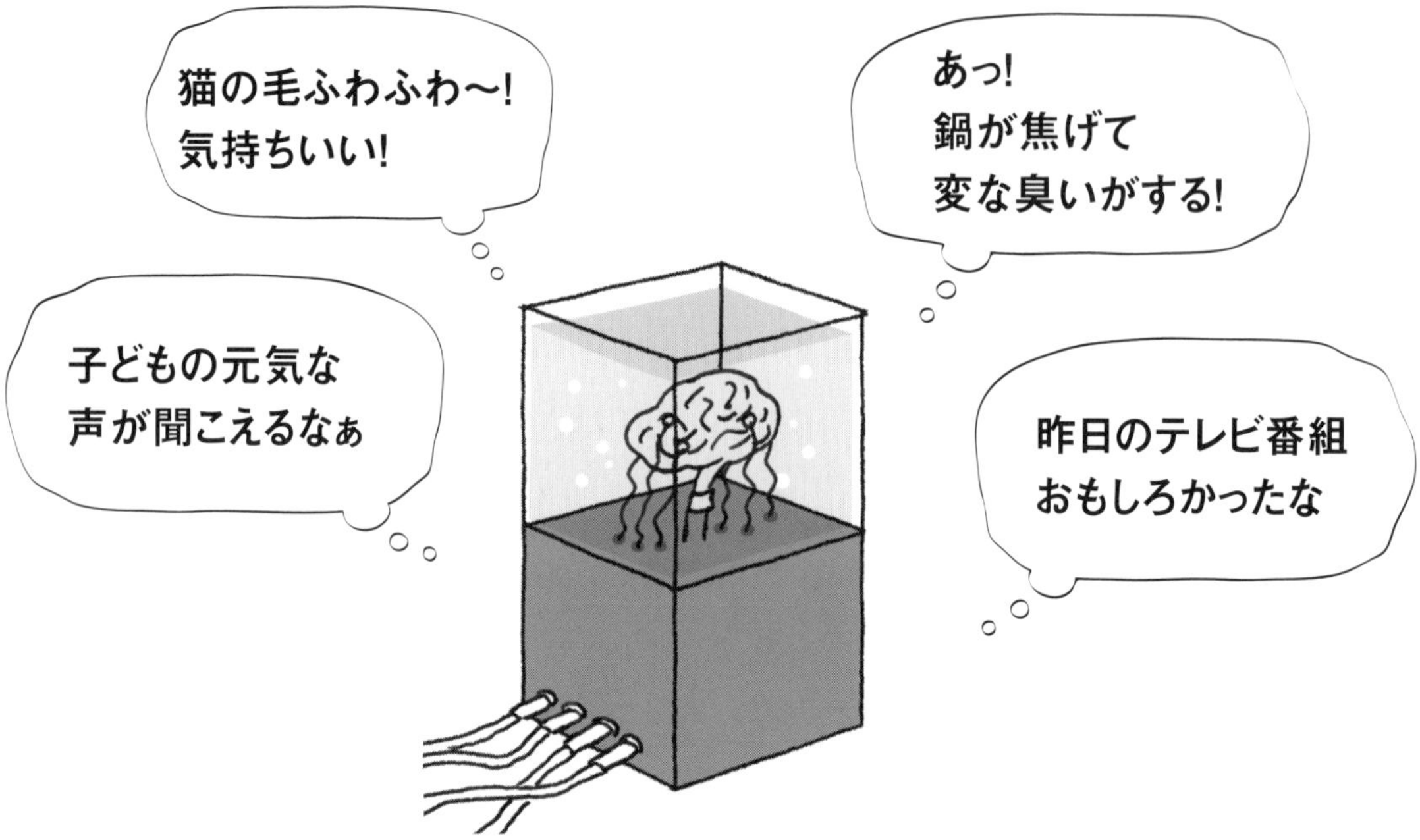
猫の毛ふわふわ〜!
気持ちいい!
あっ!
鍋が焦げて
変な臭いがする!
子どもの元気な
声が聞こえるなぁ
昨日のテレビ番組
おもしろかったな

現実か仮想現実かを判断するすべはない

考え方のヒント

仮に、私たちの脳が水槽の中にあり、科学者に管理されていたとしたらどうなるでしょう。

水槽の中の脳は、「意図的に作られた世界」です。あなたの家族も、職場も、あなたの外見も、遠い異国での出来事も、すべては仮想現実かもしれません。あなたは自分の手で自分の鼻を触ることができます。すると、手にも鼻にも皮膚感覚があり、触れていることが視覚と触覚で分かります。嗅覚でも手の匂いを感じるでしょうし、叩けば聴覚も反応します。このように、様々な感覚を通して確かに自分がここに存在し、世界とともにあることを実感しています。

ただ、それも水槽の中の脳に繋がれたコンピューターの仕業なのです。あなたはコンピューターにより制御されているからそう感じているだけで、本当は水槽の中に浮かぶ脳なのです。

これが本当なのか嘘なのか、それを知るすべは何もありません。ですから、**「私たちの脳は今、水槽の中にあるのでしょうか?」という問いには「分からない」と答えるしかない**でしょう。

選択！ どちらを選ぶ？

A 水槽に入り機械に全てを委ね幸せな仮想現実を見る

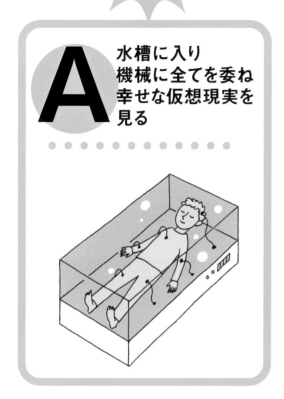

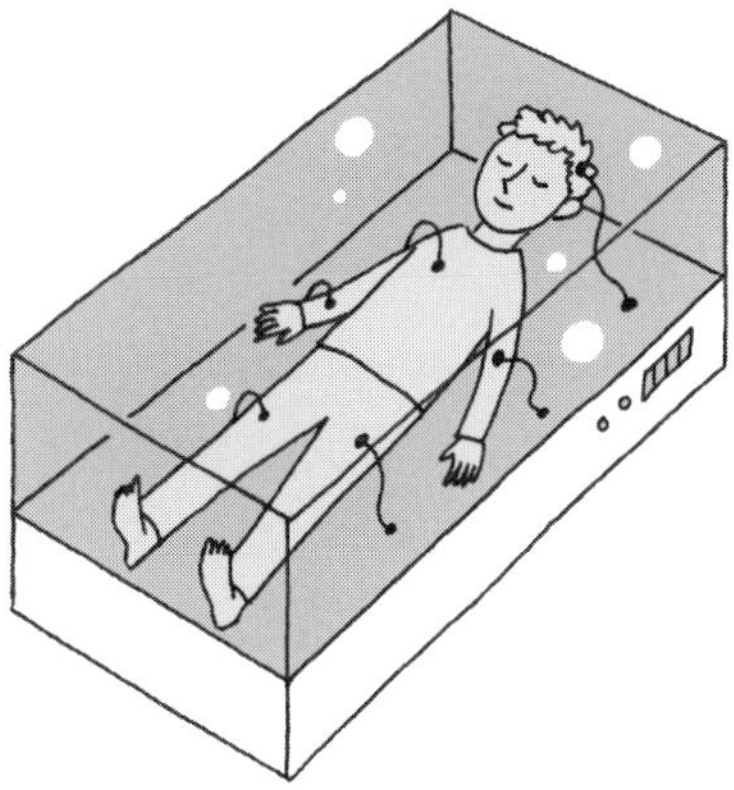

B どちらかといえばつまらない人生でも生身の体で生きる

→ 生身の人生（B）を選ぶ人が多い

さて、もし今、あなたが上の2つのうちどちらかを選べるなら、どちらを選択しますか？

この2択ならBという声が多そうですね。

しかし、今生きている世界も水槽の中の脳かもしれません。それに気づくすべはないのです。

それなのに、なぜBを選択するのでしょうか？

人は現状維持を好みますし、自分の力で生きていきたい、自分の意思で人生を決めたいという願望を持っています。

そして、今までに築き上げた人間関係はかけがえのない財産です。家族やそのほかの人間関係が失われるのは耐えがたい苦痛でしょう。社会の中で生きる動物である人は、人とのかかわりがなければ精神を病んでしまいます。人は皮膚までが自分なのではなく、それより外までを自分として認識しているという考えもあるくらい、人とのかかわりが重要なのです。

その中で、自分だけが幸せと感じる仮想現実に入り込むと考えたとき、生きていく意味、何も生み出さないことに対する虚無感、現実から逃げるという罪悪感、それらの様々な感情が、自分を仮想現実に委ねることへの嫌悪感に変わります。

選択！　自分の脳が水槽の中にあると気づいてしまったらどうする？

A　水槽の中にいる状態から抜け出さず、仮想現実を見続ける

B　自らの意思で目覚め、仮想現実の世界から抜け出す

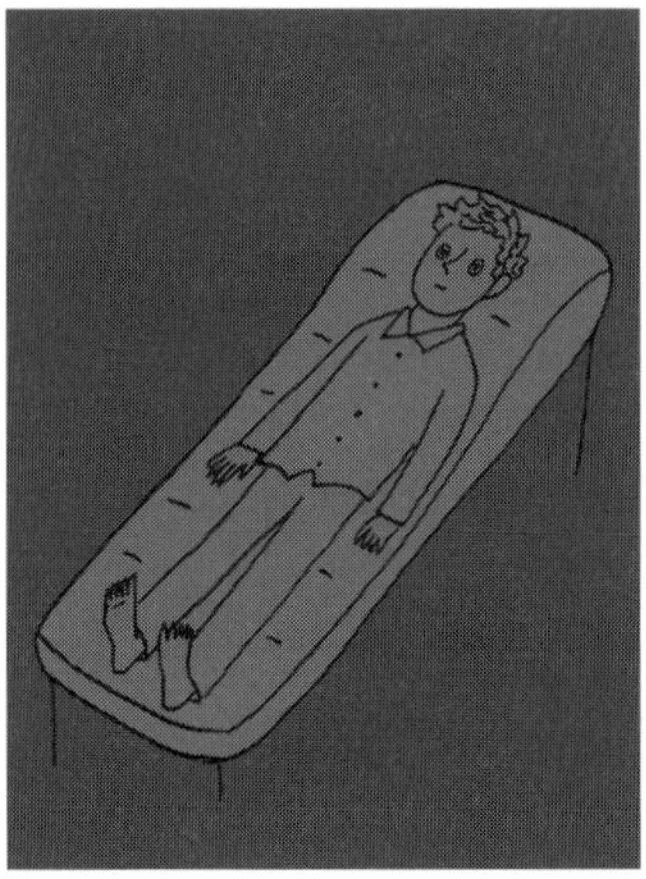

今度は、**今のあなたの脳は水槽の中にあるとしましょう。そして、そのことに何となく気づいてしまったとしたら、どう考えますか？**

　おそらく、今の世界は、水槽の中の自分の脳が見ている仮想現実です。科学者によって制御された世界です。あなたの未来はきっと科学者によって決められており、あなたが自由に生きていると感じていても、そう感じるようにプログラミングされているからにすぎません。あなたの嗜好も理想の自分も、プログラミングされたデータから算出された結果にすぎないと予想できるのです。

　こう考えると、さらに無力感や喪失感が大きくなるでしょう。

　では、先ほどの選択肢とは逆に、「目覚めるためのボタン」が目の前にあったらどうでしょうか？　このボタンを押すと、今の仮想現実の世界から自分は本当の世界に抜け出せると感じられます。しかし、今の世界には二度と戻れないことも感覚として分かります。

　目覚めれば、脳だけではない形があり、人として存在していることが分かっています。目覚めたいと感じますか？

映画『マトリックス』のあらすじ

人間は機械との戦争に敗れ、水槽の中に入れられて、機械の動力源として利用されている。水槽の中で人間はマトリックスと呼ばれる幸福な仮想現実の世界を見続けている。

目覚めてしまった人

仮想現実に帰りたい……

↔

仮想現実は「嘘」と「支配」による世界

→ **辛い現実だとしても、「真実」と向き合い、戦いの末に機械から解放される**

これに**すぐに「目覚めたい」と答えるのは難しい**はずです。今の生活に相当な不満を感じているとしても、目覚めたらどうなるのか不透明なうえに、今の人とのつながりもなくなってしまうわけですから、大きなリスクを伴います。

家族も、友人も、仕事も、住居も、作りものだったとしても自分には現実にしか思えないそのすべてが、永遠に消え去ってしまうのです。

1999年に公開されたアメリカの映画『マトリックス』は水槽の中の脳から目覚める物語で、上図のようなあらすじです。

『マトリックス』のように分かりやすくはなくても、今の社会は嘘や支配が蔓延する社会です。その中で映画『マトリックス』には、見せられている情報に気づき、正しく選択をし、たしかな真実を生きようというメッセージがあるのでしょう。

私たちが日々得ている知識も、人それぞれの思考で、違った活用をされていきます。映画『マトリックス』の製作者にとっての「水槽の中の脳」のような、**活かせる情報を見逃さない視点は常日頃から意識しておきたいところ**です。

No.19

世界5分前誕生仮説

【思考実験メモ】

この思考実験は、イギリスの哲学者であり数学者のバートランド・ラッセルが考案した思考実験を基にしています。

この世界は5分前に作られた?

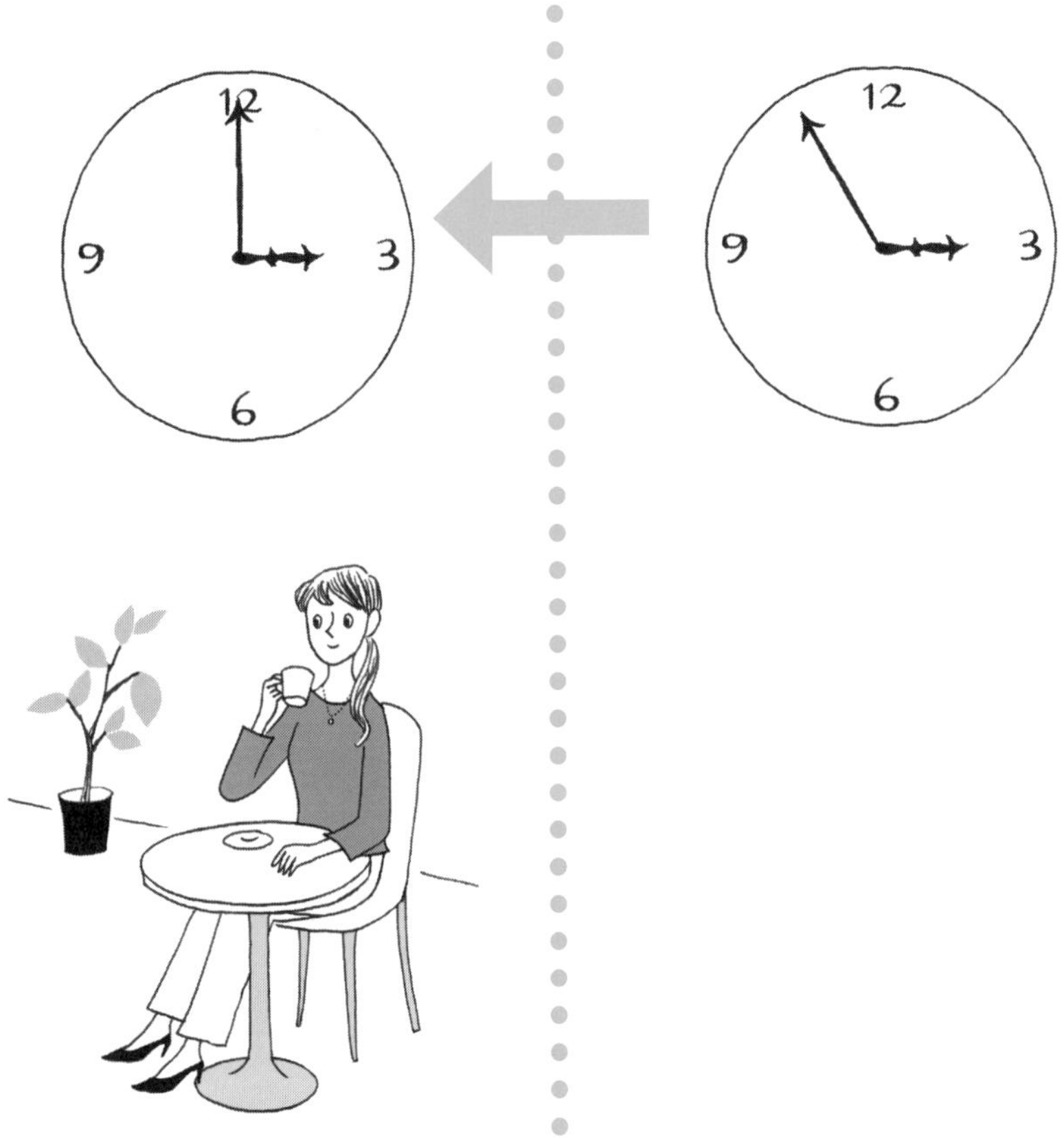

思考実験!

コーヒーショップでカフェラテを楽しんでいたレイコの隣に、あるおばあさんが座りました。

そして、次のようなことを語り始めました。

「あなたや私が住むこの世界はね、今からたった5分前に神様が作った世界なのですよ。だから、5分より前には何も存在していなかったのです。さあ、これを否定できるかしら」

突然のことでどう反応してよいのか迷いましたが、面白そうな気がしたレイコは、時間もあったので少し付き合ってみることに決めました。

「私、29歳ですよ。29年生きてますから」

「それはね、29年生きているという状態の女性が5分前に作られたからなのよ」

レイコは少し悩んでから言いました。

「木には年輪が刻まれていますよね。あれは1年

「この世界は5分前に作られた?」に反論できるか?

5分前にそう感じられるように作られた
29歳のレイコ

年輪の刻まれた木

5分前にそう感じられるように作られた

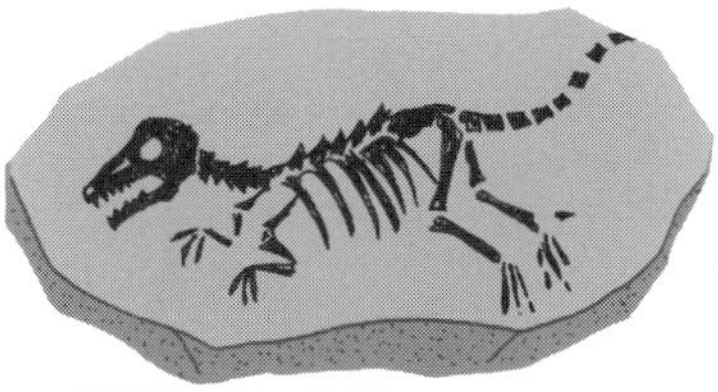
5分前にそう感じられるように作られた
4万年前の化石

→「その状態で5分前に作られた」と言われると反論は難しい

ずつ時間の経過と共にできたっていう証明ではありませんか？」

「そういう状態で作られたのよ。５分前に」

「では、去年亡くなった人はどうですか？　神様が５分前に世界を作られたのなら、わざわざ亡くなった人の記録まで作るでしょうか？」

「作ったということね。そのほうがより自然だからよ」

「えっ……うーん……。そうですか。それなら、もし今、４万年前の化石が見つかったというニュースがあったとしたら、わざわざそういうシーンを５分前に作っておいたということになります。４万年前の化石ではなく５分前の物なのに。神様、遊びすぎではありませんか？　それに、昨日事故で亡くなった人をわざわざ設定したとなると、神様は酷いことをするって言われてしまいますよ。そんなことはしないのではありませんか？」

「神様の御心なんて私たちに分かるものではないわ」

レイコは気がつきました。これは、証明することは不可能だと。

29歳のレイコの痕跡も全て5分前に作られたのかもしれない

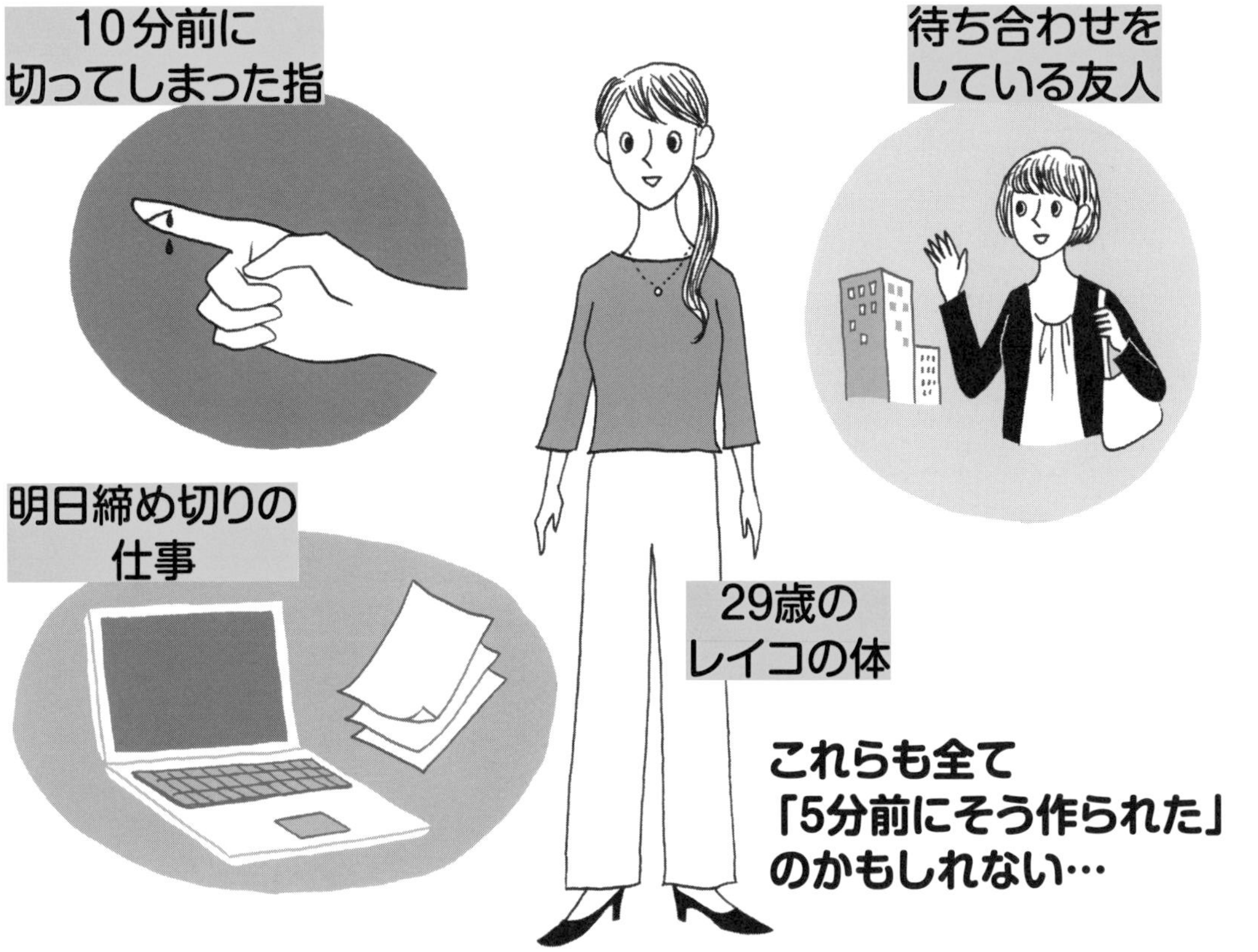
10分前に切ってしまった指
待ち合わせをしている友人
明日締め切りの仕事
29歳のレイコの体
これらも全て「5分前にそう作られた」のかもしれない…

考え方のヒント

物語のレイコは29歳であり、確かに29年間の人生を歩んできた痕跡があちこちにあります。学生時代の友人とはそのころの話ができますし、22歳のときに入社した会社で7〜8年も実務経験を積んできました。確かにレイコには、5分以上前から生きてきたという記憶が存在しています。

しかし、「世界5分前誕生仮説」はこれらの事実や記憶や歴史の一切を、一言で処理してしまいます。それが**「その状態で5分前に作られた」**です。

レイコの記憶は物質によるものですから、脳の海馬やその周辺にある記憶の貯蔵庫に29年分の記憶を作りこみ、その記憶と違和感のない29歳の体を作り上げたということになるのです。

たとえば、ゲームやアニメを考えたとき、その世界は作者によって突然作られます。そして、その中にいるキャラクターたちは、自分たちが「作者に作られた存在なんだ」とは言いませんし、そんなことは思ってもいない設定で描かれます。当然にその世界に存在していて、その世界は昔からあったように語られます。

物語の登場人物も まさか自分が創作物だとは思わない

「当たり前」を疑ってみることで 新しい考えが見つかるかもしれない

物語の中の人物も、現実世界の人が作ったとは思いもしないでしょう。「もしかしたら、この世界は作られたものかもしれない」と考えたとしても、証明のしようがありません。まさに「世界5分前誕生仮説」のように、作者が作ったときに作られたという事実を証明できないのです。

この思考実験を提唱したバートランド・ラッセルは、「世界が5分前に作られたと言われても、論理的に矛盾はなく反論できない」としました。たしかに、世界5分前誕生仮説を考えていくと、何を反論しても「その状態で5分前に作られた」と言われてしまいます。こうなると「何を言っても無駄じゃないか、考えるだけ非生産的だ」とも思えてきますね。

しかし、そこで思考を止めてしまうのは勿体ないことです。この思考実験から、**昨日どころか10分前すらも疑うことができる、またそれに対して深く考えることができたり、感情が動いたり、話し合いに発展することもできるという人の想像力は面白いものだとも感じられます**。目の前にある当たり前のものを疑ってみることで、また違った新しい思考が生まれるかもしれません。

No.20

便器のクモ

選択！ クモはどちらが幸せ？

A ずっとトイレで暮らす

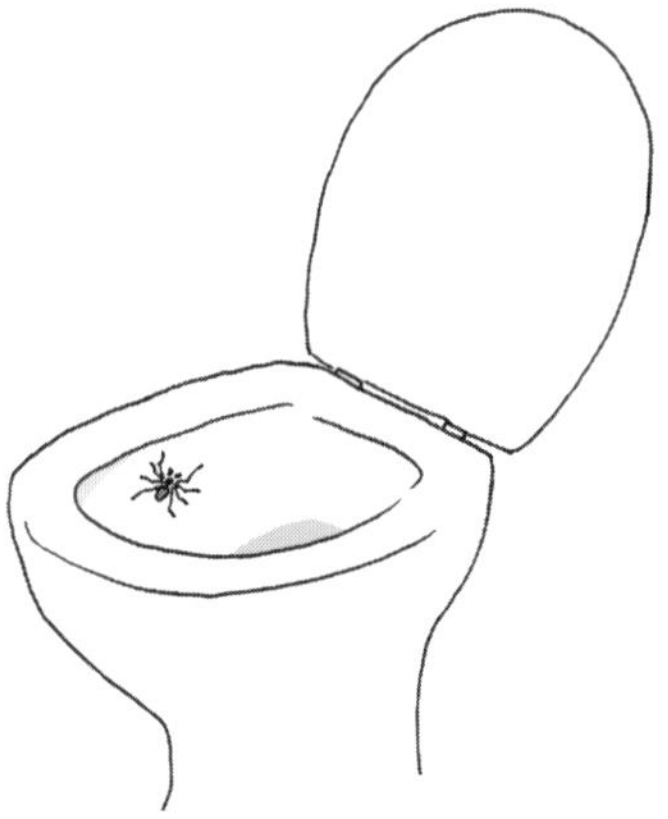

B トイレの外で暮らす

思考実験！

ある年の夏休み、タカシは補習のために登校すると、学校のトイレの便器の中に1匹のクモを見つけました。

「このクモ、こんなところに住んでいるの？　こんなところにいるのはかわいそうだな」

そう思ったタカシはクモを外に出そうとしましたが、誤ってクモを殺してしまいました。

タカシはよかれと思ってクモを助けようとしたのです。100％善意による行動です。しかし、タカシの思うようにはなりませんでした。結局クモは死んでしまったのです。

はたして、**便器の中のクモはかわいそうだったのでしょうか？　クモは外に出してもらったほうが幸せだったのでしょうか？**

【思考実験メモ】

「便器のクモ」は、アメリカの哲学者、トマス・ネーゲルによる思考実験です。ネーゲルは、この思考実験を通して何を伝えたかったのでしょうか？

他人の気持ちは分からない

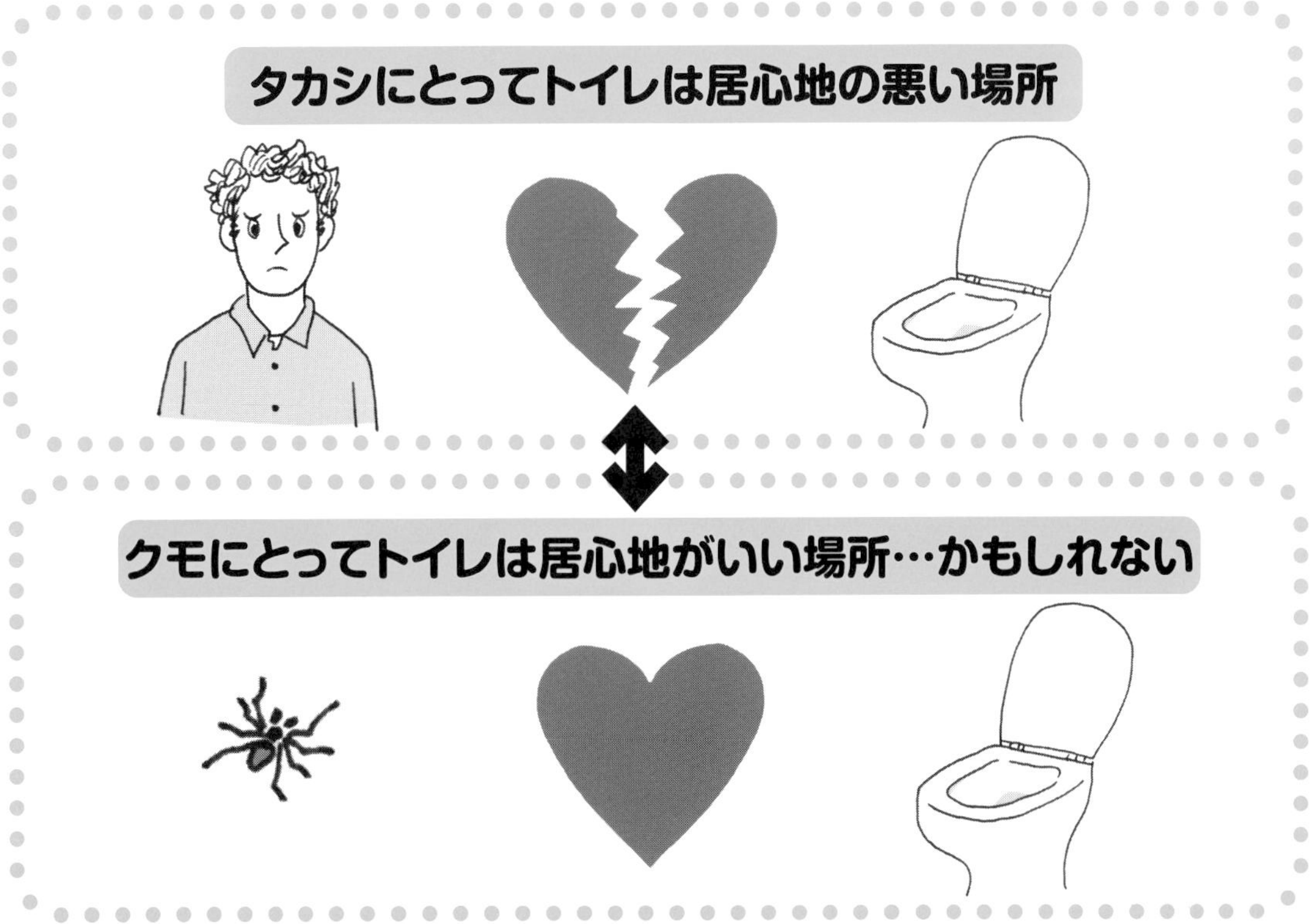
タカシにとってトイレは居心地の悪い場所
クモにとってトイレは居心地がいい場所…かもしれない

タカシの幸せがクモの幸せかは分からない

考え方のヒント

タカシは、クモが幸せに見えなかったことから、クモを便器から外に出し、助け出してあげようと考えました。タカシにとって便器は汚い場所であり、休める場所ではありません。そこから、タカシは、クモが「便器の中にいる」ことを「不幸である」と結論づけたのです。

しかし、相手はクモです。そもそも種が違うのですから、何が良くて何が悪いのかは判断が難しいでしょう。クモにとっては、ふかふかの布団より、便器のほうが休めるのかもしれません。

これは、クモではない人についても言えることです。人は、他人の気持ちを容易に知ることはできません。言葉を使ってコミュニケーションを図っても、それが気を使った言葉なのか、本心なのかも気がつかないものです。人がクモの気持ちを理解することができないように、他人の心を知るのは難しいことのたとえとして作られました。

相手が人であっても、便器の中のクモの心が分からないのと同じように、他人の心は分からないものだということでしょう。

No.21

幸福の街オメラス

ひとりの少年の不幸で成り立つ街

思考実験！

オメラスという街は、とても美しく、人々は優しく健康で、軍もなければ王も奴隷もおらず、皆平等で、誰もが思い描くような理想郷でした。

しかし、この**素晴らしい街を実現するために、ある契約がありました**。

街のある公共施設の地下室には窓のない部屋が1つあり、そこには少年が幽閉されています。少年は知的障害がありますが、最初からこの部屋にいるわけではなく、母親の顔や日の光を知っているため、「おとなしくするから出してほしい」と懇願します。

しかし、それに応える人は1人としていません。食べ物もろくに与えられず、汚物にまみれた環境で、少年は閉じ込められ続けているのです。

契約は、少年を閉じ込め、誰も優しい声を掛けたり、おいしいものを与えたりしてはいけないというものでした。

オメラスの幸福はこの少年の犠牲のもとに成り立っているのだと、この街に住む誰もが知っています。

この街の人は皆、心優しいので、少年を助けたいと考えますが、健康も、知識も環境も、とにかく幸福のすべてがこの少年に依存しているので、助け出すことはできないのです。

少年に声を掛けたりきれいにしたりするだけでも幸福は色あせていく。それが街の常識であり、少年は今日も恐ろしい不幸の中にいます。

少年の犠牲はやむを得ぬことなのでしょうか？

【思考実験メモ】

「幸福の街オメラス」は、アーシュラ・K・ル・グィンによる短編小説『オメラスから歩み去る人々』を基にしています。

選択! 少年の犠牲はやむを得ない?

A 街の住人が皆不幸になったとしても、少年を犠牲にすべきではない

B 街の住人たちの幸福のためには、少年の犠牲はやむを得ない

「幸福の街オメラス」と「アイ・イン・ザ・スカイ」の違い

「幸福の街オメラス」

少年が閉じ込められて不幸になる代わりに、街の人々が幸福を手にする

1人の
少年の不幸
大勢の
市民の
幸福

「マイナスの要素」と「プラスの要素」の比較

特定の1人の不幸によって得られる幸福は守られるべきなのか？　という疑問が浮かぶ

「アイ・イン・ザ・スカイ」

テロに巻き込まれて命を落とす人々を助けるためには、パン売りの少女を巻き添えにしなければならない

1人の
少女の命
大勢の
市民の命

「マイナスの要素」と「マイナスの要素」の比較

1人の命と大勢の命を比較し、大勢の命を救うことを優先するという決断は、多数派の支持を得る

「幸福の街オメラス」の方がより許されないと思われやすい

考え方のヒント

少年の犠牲は仕方のないことなのでしょうか。ここで、もう1つ、1人と多数を比べたストーリーを考えてみてください。

イギリスの映画『アイ・イン・ザ・スカイ　世界一安全な戦場（2016）』では、自爆テロを行おうとするテロリストの情報を得たイギリス軍が、その場所を標的としてミサイルを発射しようとします。しかし、そのとき、パン売りの少女アリアが、目標地点付近でパンを売り始めてしまいます。推定80人のテロリストを始末するためにこのままミサイルを発射すべきか、1人の少女を助けるべきなのか、会議室は揺れ動きます。

どちらも、1人の不幸によって多数が救われるという図式が成り立ちます。では、どちらのほうがより犠牲がやむを得ないと感じられるでしょうか？　一度本を置いて考えてみてください。

多くの人は、オメラスの人々の幸福のほうに疑問を抱くのではないでしょうか。では、それはなぜなのか、2つの違いをはっきりさせるため

「アイ・イン・ザ・スカイ」の方が許されないと考える人の理由

「アイ・イン・ザ・スカイ」の**不確定要素**

「幸福の街オメラス」	「アイ・イン・ザ・スカイ」
↓	↓
少年を助ければ街の人が不幸になるのは**確実**	少女を犠牲にしてもテロリストを完全に殲滅できるとは**限らない**

➡ **オメラスの少年の不幸は確実に周囲を幸福にするが、戦場の少女の不幸は必ず周囲を幸福にするとは限らないので、『アイ・イン・ザ・スカイ』の方が許されない、と考える人もいる**

に、「幸福の街オメラス」と、『アイ・イン・ザ・スカイ　世界一安全な戦場』が何と何を比べて悩んでいるのかを右上にまとめてみます。

「幸福の街オメラス」の基となった短編小説『オメラスから歩み去る人々』では、静かにオメラスから去る人々が現れ、彼らがタイトルにある歩み去る人々です。しかし、歩み去ったところでオメラスは変わりません。それでも少年の犠牲によって成り立つ街に住むことはできなかったということなのでしょう。

オメラスの不幸な少年より、パン売りの少女アリアを巻き添えにするほうが問題だと考える意見もあるでしょう。その場合、問題になってくるのは上図の**「不確定要素」**であると考えられます。

もし、あなたがオメラスの住民であったとしたら、歩み去ることを選ぶでしょうか？　オメラスに住み続けるでしょうか？

もし、あなたが『アイ・イン・ザ・スカイ　世界一安全な戦場』の会議室にいたとしたら、パン売りの少女アリアを巻き添えにするほうを選ぶでしょうか？　それともアリアの犠牲はあってはならないと抵抗するでしょうか？

おわりに

様々な思考実験をお届けして参りましたが、楽しんでいただけましたか。

思考実験は場所を選ばず様々な活用ができることが強みです。現実ではあり得ないことや、過去や未来のことを題材にすることで、シミュレーションや化学実験とは違う結果を生み出すことができますし、現実的なことや身近なことを題材にして自分の考えを見つめ直すことにも使えます。

スマートフォンやAIなど、少し前まで夢物語であったことが次々と現実のものとなり、私たちの生活は目まぐるしく変化しています。

昨今、ついには「永遠の命」が可能であるという研究まで出てきています。それはAIにデータとしてその人の記憶や性格などのあらゆる情報を取り込ませ「その人そのもの」のアバターを作ってしまおうという試みです。

「機械の体に人の心」という設定は、小説や漫画などでもたびたび登場しますが、脳をデジタル化して機械に取り込んだこのアバターは、それを実現した1つの答えなのかもしれません。Aさんが映し出された画面に話しかけると、まるでAさんのような反応を示します。さらに会話によって学習する機能によって、成長までしてくれます。

しかし、これは「その人が生き続ける」ことと同じなのかという疑問を私たちに投げ掛けます。

もし、Aさんのアバターが他人から見てAさんとしか思えないほど完璧なものになったとしたら、Aさんの家族は「Aさんがアバターとして生きている」と感じられるのかもしれません。

しかしAさんはそこにいるのでしょうか？　アバター同士が会話をすることを想像したとき、そこにどんな意味を見出せるでしょうか。

科学技術は様々な不可能を可能に変えてきました。これからも驚くような技術が日常に溶け込んでいくのでしょう。

しかし、ここまで様々なことが分かってきた今でも、私たちの脳は未だ解明されていないことで満ちています。

だからこそ、私たちの思考は何にも変えることができない大切な武器であり続けます。私たちが考えることを止めない限り、当分AIに人の代わりをされてしまうことはないでしょう。

考え続けていくための力を、楽しみながら高めていくツールの1つとして、思考実験を続けていただけたら嬉しく思います。

【著者略歴】

北村良子（きたむら・りょうこ）

1978年生まれ。有限会社イーソフィア代表。パズル作家としてＷＥＢで展開するイベントや、企業のキャンペーン、書籍や雑誌等に向けたパズルを作成している。著書は『論理的思考力を鍛える33の思考実験』(彩図社)、『パズル作家が明かす　60歳からの脳にいいパズルはどっち？』(コスモ21)、『おうちで楽しく！　でんしゃの学習ブック　7さいまでのひらがな・カタカナ・数字の練習』（メイツ出版）他。

運営サイトは、IQ脳.net（https://iqno.net/）、老年若脳（https://magald.com/）等。

図解 論理的思考力を鍛える思考実験

2022年1月20日　第一刷

著　者　北村良子

発行人　山田有司

発行所　〒170-0005
株式会社　彩図社
東京都豊島区南大塚3-24-4
MTビル
TEL：03-5985-8213　FAX：03-5985-8224

印刷所　シナノ印刷株式会社

イラスト　大塚砂織

URL https://www.saiz.co.jp　https://twitter.com/saiz_sha

ISBN978-4-8013-0575-5 C0034